नक्षत्र लोक

नक्षत्र लोक

गुणाकर मुळे

राजकमल प्रकाशन

ISBN : 978-81-267-0698-3

मूल्य : ₹595

पहला संस्करण : 1975
दूसरा संशोधित एवं परिवर्द्धित संस्करण : 1989
पाँचवाँ संस्करण : 2014
पहली आवृत्ति : 2023
This book is printed on **Print on Demand** Technology : 2025

प्रकाशक : राजकमल प्रकाशन प्रा.लि.
1-बी, नेताजी सुभाष मार्ग, दरियागंज
नई दिल्ली-110 002
शाखाएँ : अशोक राजपथ, साइंस कॉलेज के सामने, पटना-800 006
पहली मंजिल, दरबारी बिल्डिंग, महात्मा गांधी मार्ग, प्रयागराज-211 001
1, अनमोल सोराबजी संतुक लेन, धोबी तलाव, मरीन लाइंस, मुम्बई-400 002
वेबसाइट : www.rajkamalprakashan.com
ई-मेल : info@rajkamalprakashan.com

NAKSHATRA LOK
by Gunakar Mule

अपनी बात

बचपन से ही हम तारों को देखते आते हैं। गरमी के दिनों में खुले आकाश के नीचे सोते हैं तो देर तक इन्हें निहारते रहते हैं। परंतु बहुत कम लोगों के दिमाग में सवाल उठते हैं—आकाश में इतने तारे क्यों ? ये हमसे कितनी दूर हैं ? कितने बड़े हैं ? ये किन चीज़ों से बने हैं ? और ये सतत क्यों जलते रहते हैं ?

जीवन-भर प्रायः हर रात सब की दृष्टि में पड़ने वाले तारों के इस नजारे के बारे में हमारे दिमाग में ये सवाल क्यों नहीं कोलाहल मचाते ? क्यों नही हम सब इन सवालों के उत्तर जानने के लिए लालायित हो उठते ?

इसके कुछ कारण हैं। पहला कारण है—तारों की तथाकथित 'स्थिरता'। तारों-भरे खगोल को हम प्रतिदिन पृथ्वी की परिक्रमा करते देखते हैं। बस, इसके अलावा तारों में हमें कोई उलट-फेर नज़र नहीं आता। चंद्रमा की कलाएँ घटती-बढ़ती हैं। आकाश के ग्रह भी तारों के सापेक्ष अपनी स्थितियाँ बदलते रहते हैं। सूर्य भी स्थान बदलता है। उल्कापात तथा पुच्छलतारे (धूमकेतु) जैसे आकाश के नजारे पुरातन काल से मानव को प्रभावित करते रहे हैं, भयभीत करते रहे हैं। किंतु तारे हमें उस तरह प्रभावित नहीं करते, क्योंकि परंपरा से हमने इन्हें 'स्थिर' मान लिया है। वस्तुतः, इस भौतिक विश्व में कोई भी वस्तु स्थिर या निश्चल नहीं है।

तारों के अध्ययन के प्रति हमारी उपेक्षा का दूसरा कारण है—बचपन से ही हमको बताया जाता है कि आकाश में अनंत तारे हैं, अनगिनत तारे हैं। और यह भी बताया जाता है कि ये हमसे अनंत दूरी पर हैं। परिणामतः इस 'अनंत' के सामने हम घुटने टेक देते हैं। 'अनादि-अनंत' आदि विशेषणों से विभूषित काल्पनिक ईश्वर के प्रति भी हममें से बहुतों का यही भाव है। परंतु तारों का भौतिक अस्तित्व है और आज हम जानते हैं कि इस भौतिक विश्व में 'अनादि-अनंत' जैसी कोई चीज़ नहीं है। ब्रह्मांड के सारे तारों के सारे अणु-परमाणु भी अनंत नहीं हैं। 'शून्य' की तरह 'अनंत' का भी इस विश्व में कोई भौतिक अस्तित्व नहीं है।

तारों के बारे में यह बुनियादी गलतफ़हमी पुरातन काल से चली आई

है । प्राचीन काल के ज्योतिषी भी नक्षत्र-लोक को अनादि, अनंत एवं स्थिर मानते थे । परंतु पिछले करीब डेढ़ सौ साल के अध्ययन से नक्षत्र-लोक का सारा नक्शा ही बदल गया है । आज हम जानते हैं कि हमारी आकाशगंगा में करीब 150 अरब तारे हैं और ज्ञेय ब्रह्मांड में ऐसी अरबों आकाशगंगाएँ (मंदाकिनियाँ) हैं । आज हम आकाश में दिखाई देनेवाले सभी प्रमुख तारों की दूरियाँ जानते हैं । आकाश का सबसे नज़दीक का तारा हमसे 4.3 प्रकाश-वर्ष (40,000 अरब किलोमीटर) दूर है । आकाशगंगा के अधिकांश तारे हमसे हज़ारों प्रकाश-वर्ष दूर हैं । ब्रह्मांड की सबसे दूर की मंदाकिनियाँ हमसे करीब 10 अरब प्रकाश-वर्ष दूर हैं और ये हमसे अधिकाधिक दूर भागती जा रही हैं !

आज हम जानते हैं कि तारे कितने बड़े हैं और ये किन तत्त्वों से बने हैं । तारे सतत क्यों जलते रहते हैं, इसकी जानकारी हमें पिछले पचास वर्षों में ही मिली है । आज हम जानते हैं कि तारों में भीषण उथल-पुथल होती रहती है । ये जन्म लेते हैं, ये तरुण होते हैं, इन्हें बुढ़ापा आता है और अंत में इनकी 'मृत्यु' भी होती है !

नक्षत्र-लोक के बारे में और एक बात । आप स्वयं देख लीजिए, पुराकाल में कल्पित किसी भी 'अनादि, अनंत और निश्चल' धारणा का पोषण एवं प्रतिनिधित्व करने के लिए मानव-समाज में एक वर्ग-विशेष का उत्थान होता रहा है । जैसे, पुरोहितों का वर्ग । तारों को जब अनादि, अनंत एवं स्थिर मान लिया गया तो उनकी तरफ से बोलने वाला, मानव-जीवन पर उनके तथाकथित 'प्रभाव' की पैरवी करने वाला एक वर्ग पैदा हो गया—बहुत प्राचीन काल में ही । यह है—फलित-ज्योतिषियों का वर्ग !

आज हम जानते हैं कि तारे न केवल अनादि-अनंत तथा स्थिर हैं, ये मूक भी नहीं हैं । ये स्वयं अपनी बात कहने में समर्थ हैं । इनकी एक वैज्ञानिक भाषा है । इस भाषा को आज हम समझ सकते हैं । यह भाषा है—तारों के किरणों की भाषा । अपनी किरणों के माध्यम से तारे स्वयं अपने बारे में हम तक जानकारी भेजते रहते हैं । यह जानकारी हमें फलित-ज्योतिषियों की पोथियों में नहीं, बल्कि वेधशालाओं की दूरबीनों, वर्णक्रमदर्शियों, कैमरों आदि से ही प्राप्त हो सकती है ।

विश्व की हर चीज़ हर दूसरी चीज़ को प्रभावित करती है । तारे भी पार्थिव जीवन पर अपना 'प्रभाव' डालते हैं । उदाहरणार्थ, सूर्य एक तारा है और इसकी प्रत्येक हलचल का पृथ्वी के प्राणी-जगत पर प्रभाव पड़ता है । मानव-जीवन पर तारों के प्रभाव को जन्म-कुंडलियों से नहीं, बल्कि वैज्ञानिक उपकरणों से जाना जा सकता है ।

इस पुस्तक में तारों के बारे में वैज्ञानिक जानकारी दी गई है । विषय

कुछ कठिन होने पर भी मैंने यथासंभव इसे सरल भाषा में प्रस्तुत करने की कोशिश की है। प्राचीन भारत गणित-ज्योतिष के अध्ययन के लिए प्रसिद्ध रहा है। हमारे देश में आर्यभट, ब्रह्मगुप्त, वराहमिहिर और भास्कराचार्य जैसे प्रख्यात ज्योतिषी हुए हैं। प्राचीन काल में ज्योतिष को वेदांगशास्त्रों में सबसे ऊँचा स्थान दिया गया था। यदि हम पुनः गौरव का स्थान प्राप्त करना चाहते हैं तो अंधविश्वासों को त्यागकर हमें आधुनिक ज्योतिष का अध्ययन करना होगा। जनसाधारण तथा हमारे विद्यार्थियों को तारों के बारे में कुछ वैज्ञानिक जानकारी अवश्य होनी चाहिए। मेरी दृढ़ मान्यता है कि किसी भी विषय का प्रारंभिक अध्ययन मातृभाषाओं के माध्यम से ही सुगम बन सकता है। इसी उद्देश्य से यह पुस्तक लिखी गई है—'ब्रह्मांड-परिचय पुस्तकमाला' की तीसरी पुस्तक।

मेष, वृषभ, मिथुन आदि बारह राशियों के और अश्विनी, भरणी, कृत्तिका आदि 27 या 28 नक्षत्रों के नाम प्रायः सभी ने सुने हैं। बहुत-से लोग अपनी राशि का 'भविष्य' जानने के लिए उतावले रहते हैं। बहुत-से लोग स्मरण रखते हैं कि उनका जन्म किस नक्षत्र में हुआ है। हमारे कई संस्कारों के अवसरों पर फलित-ज्योतिषियों तथा पुरोहितों के मुँह से हम अक्सर राशियों तथा नक्षत्रों के नाम सुनते हैं।

आप इन फलित-ज्योतिषियों से पूछिए—क्या वे आकाश के तारों में इन राशियों और नक्षत्रों को ठीक-ठीक पहचान सकते हैं? हमारे देश में हज़ारों 'ज्योतिषी' हैं। इनमें से चंद ज्योतिषी ही आकाश में राशियों के स्थान बतला पाएँगे। कुछ ज्योतिषी कुछ नक्षत्रों को पहचान पाएँगे। परंतु सभी 27 या 28 नक्षत्रों को ठीक-ठीक पहचानने वाला ज्योतिषी शायद ही कोई मिले। वस्तुतः, इन नक्षत्रों की पहचान के बारे में भारतीय ज्योतिषी कभी भी एकमत नहीं हो पाए!

इस पुस्तक के अंतिम प्रकरण में मैंने सप्तर्षि तथा मृग नक्षत्र-मंडल के तारों की तथा इनके आसपास के प्रमुख तारों की विशेष जानकारी दी है। इस प्रकरण के अंत में दिए गए मानचित्रों की सहायता से इन तारों को आकाश में खोजा जा सकता है। बड़े मानचित्र में मुख्यतः राशिचक्र के प्रमुख तारों को दर्शाया गया है और इसमें मैंने स्वमतानुसार 28 नक्षत्र-योगतारों के स्थान भी दर्शाए हैं। प्रिज्म बाइनोकुलर तथा तारों के अच्छे एटलस की मदद से कोई भी व्यक्ति इस अध्ययन को आगे बढ़ा सकता है।

पुस्तक में प्रूफ की कुछ अशुद्धियाँ रह गई हैं। आशा है, विज्ञ पाठक उन्हें दुरुस्त करके पढ़ेंगे।

जहाँ तक मेरी जानकारी है, तारों के बारे में वैज्ञानिक जानकारी

देनेवाली राष्ट्रभाषा हिंदी में प्रकाशित यह अपनी तरह की पहली पुस्तक है। 'ब्रह्मांड-परिचय पुस्तकमाला' का रचना-कार्य मैंने इसी उद्देश्य एवं कामना के साथ हाथ में लिया है कि इससे जनसाधारण एवं विद्यार्थियों का ज्ञानवर्धन हो, हिंदी में आधुनिक ज्योतिष-साहित्य के अभाव की कुछ पूर्ति हो और आगे इस विषय के अधिकारी विद्वानों द्वारा हिंदी में इससे भी बेहतर पुस्तकों की रचना हो।

आशा है, 'ब्रह्मांड-परिचय पुस्तकमाला' की शेष पुस्तकें भी जल्दी ही प्रकाशित हो जाएँगी। चौथी पुस्तक **अंतरिक्ष-यात्रा** तैयार है।

—गुणाकर मुले

दूसरी बार

मुझे खुशी है कि मेरी इस पुस्तक को पाठकों ने पसंद किया। इस पुस्तक पर मुझे उत्तर प्रदेश शासन का 1974-75 का 'राज्य साहित्यिक पुरस्कार' भी मिला।

इस दूसरे संस्करण में जहाँ-तहाँ थोड़े संशोधन के अलावा कोई परिवर्तन नहीं किया है। पहले संस्करण की भूमिका में मैंने लिखा था कि हिंदी में तारों का कोई एटलस नहीं है। अब जल्दी ही उपलब्ध हो जाएगा। नक्षत्र-मंडलों के बारे में स्थितिचित्रों सहित मेरी एक लंबी लेखमाला 'नवभारत टाइम्स' में इस समय प्रकाशित हो रही है। वह लेखमाला जल्दी ही पुस्तकाकार में प्रकाशित होगी। तब 'नक्षत्र लोक' के पाठक उस ग्रंथ की मदद से आकाश के सभी प्रमुख मंडलों के तारों को स्वयं पहचानने में समर्थ होंगे।

गुणाकर मुले

'अमरावती'
सी-210, पांडव नगर
दिल्ली-110092
23 जनवरी, 1989

विषय-सूची

PEGASVS
ANDROMEDA
DRACO
CORONA
BOOTES
VIRGO
LEO
CANIS MINOR

नक्षत्र-लोक

तारोंभरा आकाश

वर्षा के बाद वायुमंडल साफ हो गया है । रात का समय है । चंद्रमा आकाश से गायब है । और ऐसे समय आप शहर की जगमगाहट से दूर किसी मैदान में खड़े हैं । तब देखिए खुले आकाश का नजारा । नीचे आकाश की छत पर आपको अनगिनत दीप चमकते दिखाई देंगे । इन्हें ही हम **तारे या नक्षत्र** कहते हैं ।

सभी जानते हैं कि आकाश के कुछ तारे अधिक तेज चमकते हैं । गौर से देखने पर यह भी पता चलेगा कि बहुत-से तारे सफेद रंग के दिखाई देते हैं । कुछ तारे नीले, पीले या लाल रंग के भी दिखाई देते हैं । और आकाश के उस तारोंभरे पट्टे को तो सभी पहचानते हैं जिसे हम **आकाशगंगा** कहते हैं । लगता है, आकाश में अनंत तारे हैं । लगता है, हम आकाश के सारे तारों की गिनती नहीं कर सकते । इसीलिए पुराने जमाने से लोग कहते आए हैं—आकाश में अनगिनत तारे हैं ।

हम बचपन से ही सुनते आते हैं कि आकाश में अनगिनत तारे हैं । रात के समय आकाश की ओर देखने से भी यही लगता है कि तारे असंख्य हैं । कवि लोग तो पुरातन काल से ही 'असंख्य तारों' की उपमा देते आए हैं । परंतु पुराने जमाने के ज्योतिषी जान गए थे कि आँखों से दिखाई देने वाले तारों की संख्या बहुत अधिक नहीं है । ईसा पूर्व दूसरी सदी के प्रख्यात यूनानी ज्योतिषी **हिप्पार्कस** ने आँखों से दिखाई देनेवाले आकाश के प्रमुख तारों की एक सूची तैयार की थी । इस सूची में लगभग एक हजार तारों का समावेश किया गया था । किंतु आज हम भली-भाँति ज़ानते हैं कि आकाश के एक गोलार्द्ध में अधिक-से-अधिक तीन हजार तारे देखे जा सकते हैं । इसका अर्थ यह हुआ कि आकाश के पूरे गोल में हम अपनी आँखों से केवल छः हजार तारे ही देख सकते हैं । यकीन करना कठिन है, परंतु सचाई यही है ।

अब आकाश के अवलोकन के लिए हम सिर्फ अपनी आँखों पर निर्भर नहीं हैं । आकाश के अवलोकन के लिए अब अनेक नए साधनों की खोज हो चुकी है । पहली बार 1609 ई. में महान गैलीलियो ने अपनी दूरबीन से आकाश का अवलोकन किया । गैलीलियो के बाद अनेक किस्म की

बड़ी-बड़ी दूरबीनें बनीं । आकाश के एक स्थान पर जहाँ हम अपनी आँखों से दो-तीन तारे ही देख पाते हैं, इन दूरबीनों की सहायता से वहाँ सैकड़ों तारे देखे जा सकते हैं ।

एक उदाहरण लीजिए । आकाश के वृषभ मंडल में रोहिणी तारे के नजदीक **कृत्तिका** के तारों का एक पुंज है । इस तारकपुंज को यदि हम अपनी आँखों से देखें तो इसमें अधिक-से-अधिक छह या सात तारे ही दिखाई देंगे । पुराने जमाने के लोग भी कृत्तिका के केवल सात तारों को ही जानते थे । **तैत्तिरीय-ब्राह्मण** में एक स्थान पर कृत्तिका के केवल सात तारों के ही नाम गिनाए गए हैं ।

गैलीलियो (1564-1642 ई.) अपनी दूरबीन के साथ

लेकिन इसी कृत्तिका नक्षत्र-पुंज को यदि दूरबीन से देखा जाए, तो इसमें करीब तीन सौ तारे दिखाई देते हैं । जिस दूरबीन का दर्पण जितना ही बड़ा होगा, वह उतना ही अधिक प्रकाश ग्रहण करने में समर्थ होती है । इसलिए बड़ी दूरबीनों से अत्यंत मंदकांति तारों के प्रकाश को भी ग्रहण किया जा

सकता है, उन्हें देखा जा सकता है, उनके चित्र भी उतारे जा सकते हैं।

यहाँ तारों और दूरबीन के बारे में एक बात जान लेनी जरूरी है। दूरबीन की सहायता से लिए गए चंद्र तथा ग्रहों के कुछ चित्र बहुतों ने देखे होंगे। ये चित्र चंद्रमा तथा मंगल, शुक्र व शनि जैसे ग्रहों को बड़ा बनाकर दिखाते हैं। लेकिन तारे का ऐसा चित्र किसी ने नहीं देखा होगा जिसमें चंद्र या ग्रहों की तरह तारे को बड़ा बनाकर दिखाया गया हो। संसार की कोई भी दूरबीन हमें तारों को बड़ा बनाकर नहीं दिखा सकती। इसका एकमात्र कारण यह है कि तारे हमसे बहुत-बहुत दूर हैं। तारों के मामले में दूरबीनों की सबसे बड़ी उपयोगिता यही है कि वे ऐसे करोड़ों-अरबों मंदकांति तारों के प्रकाश को ग्रहण कर सकती हैं, जिन्हें हम अपनी आँखों से कदापि नहीं देख सकते।

गैलीलियो द्वारा दूरबीन से देखे गए कृत्तिका के तारे। इनके बारे में उन्होंने अपने एक ग्रंथ में लिखा है—"मैंने यहाँ कृत्तिका के छह तारों को दर्शाया है (छह इसलिए कि सातवें तारे को बड़ी कठिनाई से ही देखा जा सकता है)। इनके समीप चालीस से अधिक और तारे हैं, जिनमें से कोई भी इन छह से आधे अंश से अधिक दूरी पर नहीं है। इस आकृति में मैंने दूरबीन से देखे गए कृत्तिका के 36 तारों को दर्शाया है।"

दूरबीन और फोटोग्राफी जैसे आधुनिक साधनों से ही हमें जानकारी मिली है कि आकाश में बहुत सारे तारे हैं। अब हम जानते हैं कि आकाश में 100 अरब से भी अधिक तारे हैं। क्यों, यकीन नहीं होता? लेकिन यह एक तथ्य है।

सौ अरब तारे कितने होते हैं?

निश्चय ही सौ अरब तारों का मतलब 'अनगिनत तारे' नहीं है, 'अनंत तारे' तो है ही नहीं। दरअसल, इस भौतिक जगत में 'अनंत' जैसा कुछ भी नहीं है। सारे ब्रह्मांड के सारे तारों के अणु-परमाणुओं की संख्या भी 'अनंत' नहीं है। फिर भी 100 अरब एक बहुत बड़ी संख्या है। कितनी बड़ी? जरा इसकी कल्पना कीजिए कि आकाश के इन सौ अरब तारों की गिनती करना संभव है और एक व्यक्ति गिनती करने में जुट जाता है। यह भी मान लीजिए कि एक मिनट में सौ तक गिनती करना संभव है। तब एक व्यक्ति को 100 अरब तारों की गिनती करने में कितना समय लगेगा? वह व्यक्ति रात-दिन सतत गिनती करता रहे तो उसे लगभग 2000 साल लगेंगे!

इसलिए हम कह भी सकते हैं कि आकाश में 'अनगनित तारे' हैं। लेकिन संपूर्ण ब्रह्मांड में सिर्फ 100 अरब तारे ही नहीं हैं। ये 100 अरब तारे ब्रह्मांड की केवल **एक योजना** के तारे हैं। ज्योतिष की भाषा में इस योजना को हम **मंदाकिनी** (गैलेक्सी) कहते हैं। आकाश में एक क्षितिज से दूसरे क्षितिज तक फैला हुआ तारों का जो एक शुभ्र पट्टा दिखाई देता है, उसे हम आकाशगंगा कहते हैं। इस आकाशगंगा का ही दूसरा नाम मंदाकिनी है। इसका अर्थ यह हुआ कि हमारी आकाशगंगा एक मंदाकिनी है, यह तारों की एक विशाल योजना है।

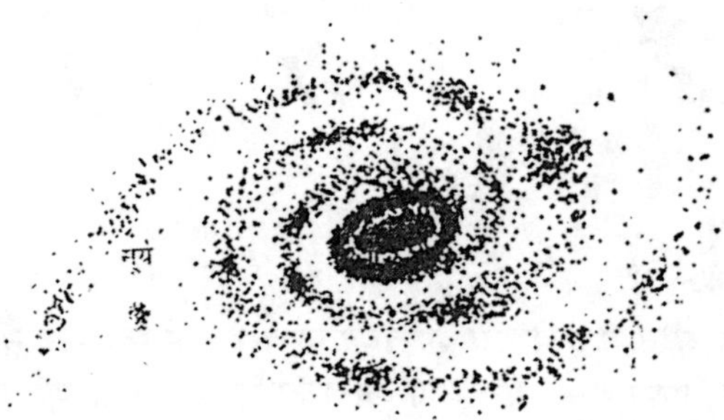

हमारी आकाशगंगा पहिए के आकार की एक विशाल सर्पिल मंदाकिनी है। इसका व्यास 1,00,000 प्रकाश-वर्ष है और इसमें करीब 100 अरब तारे हैं। हमारा सूर्य-तारा इसके केंद्र-भाग से करीब 30 हजार प्रकाश-वर्ष दूर है।

आकाशगंगा की रचना के बारे में अधिक जानकारी हम आगे देंगे। यहाँ सिर्फ इतना ही जानना पर्याप्त होगा कि ऊपर जिन 100 अरब तारों की हमने चर्चा की है, वे सारे तारे इसी आकाशगंगा-योजना के सदस्य हैं। आकाश में जितने भी तारे दिखाई देते हैं, वे सब आकाशगंगा के तारे हैं।

आँखों से हम ऐसे किसी तारे को नहीं देख सकते जो आकाशगंगा का तारा न हो ।

लेकिन यह हुई विशाल ब्रह्मांड की सिर्फ एक तारक-योजना, सिर्फ एक मंदाकिनी । ब्रह्मांड में ऐसी करोड़ों मंदाकिनियाँ खोजी गई हैं । उन करोड़ों मंदाकिनियों में से प्रत्येक में अरबों तारे हैं । इस तरह हम कह सकते हैं कि सारा आकाश (ब्रह्मांड) तारों से भरा हुआ है ।

इस पुस्तक में हमें इन्हीं तारों के बारे में जानकारी प्राप्त करनी है । चूँकि दूसरी मंदाकिनियों के तारों को हम दूरबीनों से भी देख नहीं सकते, इसलिए तारों के बारे में हमारी जानकारी अपनी आकाशगंगा के उन्हीं तारों के अध्ययन पर आधारित है जिनका प्रकाश ग्रहण करना संभव हुआ है ।

आदमी चंद्रमा पर पहुँच गया है । चंद्रमा की मिट्टी भी धरती पर लाई गई है । इस प्रकार अब हम चंद्रमा का प्रत्यक्ष अध्ययन कर सकते हैं । पृथ्वी से भेजे गए यंत्र-उपकरण मंगल व शुक्र ग्रहों पर उतारे जा चुके हैं । देर-सबेर आदमी भी इन ग्रहों पर पहुँच जाएगा । लेकिन तारों तक पहुँचना आदमी के लिए शायद कदापि संभव नहीं होगा । तारों के बारे में हमारी सारी जानकारी उनसे प्राप्त होने वाली किरणों के अध्ययन पर आधारित है । तारों के बारे में सारी जानकारी उनकी किरणों पर सवार होकर ही हम तक पहुँचती है । फिर भी तारों के बारे में बहुत-सी बातें जानी गई हैं ।

आज हम जानते हैं कि आकाश का कौन-सा तारा हमसे कितनी दूर है । आज हम जानते हैं कि तारों में कौन-सा ईंधन जलता है और यह कैसे जलता है । हम जानते हैं कि तारे कितने बड़े हैं । हम तारों के द्रव्य का घनत्व जानते हैं । हम तारों के तापमान जानते हैं । हम तारों की आयु भी जानते हैं । हम बता सकते हैं कि कौन-सा तारा अभी 'बच्चा' है, कौन-सा तारा 'तरुण' है और कौन-सा तारा 'बूढ़ा' हो चुका है । हम इस बात का भी अनुमान लगा सकते हैं कि तारों का 'जन्म' कैसे होता है और उनकी 'मृत्यु' कैसे होती है ।

तारों के बारे में यही सब बातें हमें जाननी हैं । यह सारी जानकारी प्राप्त करने के लिए ज्योतिष-विज्ञान की कुछ बुनियादी बातें जाननी जरूरी हैं । सबसे पहले एक तारे के बारे में कुछ मोटी बातें भी जाननी जरूरी हैं । यह एक तारा है हमारा अपना **सूर्य** ।

आकाशगंगा में जो लगभग 100 अरब तारे हैं, उनमें से हमारा सूर्य एक सामान्य तारा है । यह हमारा अपना तारा है । इसके इर्द-गिर्द परिक्रमा करने वाले एक ग्रह (पृथ्वी) पर हमारा निवास है । इस सूर्य-तारे के बारे में हम अधिक बातें जानते हैं । आगे हम अपने सूर्य-तारे के साथ अन्य तारों की बार-बार तुलना करेंगे । इसलिए इस सूर्य-तारे के बारे में कुछ मोटी बातें संक्षेप में जान लेना जरूरी है ।[1]

1. विस्तृत जानकारी के लिए देखिए इसी पुस्तक-माला की 'सूर्य' पुस्तक ।

पृथ्वी से सूर्य की दूरी	14,95,60,000 किलोमीटर
सूर्य के गोले का व्यास	13,92,000 किलोमीटर पृथ्वी के व्यास से 109 गुना अधिक
सूर्य का आयतन	पृथ्वी के आयतन से 13 लाख गुना अधिक
सूर्य की द्रव्यराशि	पृथ्वी की द्रव्यराशि से 3,30,000 गुना अधिक
सूर्य का औसत आपेक्षिक घनत्व	1.4 (पृथ्वी का औसत आपेक्षिक घनत्व 5.5)
सूर्य की सतह का तापमान	6000^{0} सेंटीग्रेड
सूर्य के केंद्र-भाग का तापमान	$1,60,00,000^{0}$ सेंटीग्रेड

सूर्य-तारे के बारे में ये कुछ मोटी-मोटी बातें हमें स्मरण रखनी चाहिए। सूर्य आकाश का एक सामान्य तारा है। आकाशगंगा में सूर्य से हजारों गुना बड़े तारे भी हैं। कुछ तारे सूर्य से छोटे भी हैं।

आकाश के अरबों तारों में से सूर्य-तारा हमारे सबसे नजदीक है। यह हमसे सिर्फ 15 करोड़ किलोमीटर दूर है। लेकिन आकाश के दूसरे तारे हमसे बहुत दूर हैं। उदाहरण के लिए, सूर्य के बाद के सबसे नजदीक के प्रोक्सिमा-सेंटौरी तारे को लीजिए। यह तारा हमसे 40,00,000 करोड़ किलोमीटर दूर है, अर्थात् यह सूर्य से भी करीब 2,70,000 गुना अधिक दूर है। आकाशगंगा के अन्य तारे हमसे और भी अधिक दूर हैं। अतः स्पष्ट है कि किलोमीटर के इस पैमाने से हम तारों की दूरियों को सुविधा से व्यक्त नहीं कर सकते। इसलिए तारों की दूरियाँ मापने के लिए खगोलविदों ने एक बढ़िया पैमाना खोज निकाला है। इस पैमाने को अच्छी तरह समझ लेना जरूरी है।

यह नया पैमाना प्रकाश-किरणों के वेग पर आधारित है। हम जानते हैं कि प्रकाश की किरणें एक सेकंड में 3,00,000 किलोमीटर दूरी तय करती हैं। अन्य प्रकार की किरणें भी इसी वेग से दौड़ती हैं। इस वेग से प्रकाश-किरणें एक वर्ष में जितनी दूरी तय करती हैं, उसे ज्योतिष-विज्ञान में **प्रकाश वर्ष** कहते हैं। इस प्रकार एक प्रकाश- वर्ष 94,63,00,00,00,000 किलोमीटर के बराबर होता है। एक सेकंड में 3 लाख किलोमीटर दौड़नेवाली सूर्य की किरणें सिर्फ 8 मिनट और 18 सेकंडों में पृथ्वी तक पहुँच जाती हैं। इसलिए हम कह सकते हैं कि सूर्य हमसे 8 प्रकाश-मिनट 18 प्रकाश-सेकंड दूर है।

सूर्य के बाद सबसे नजदीक का प्रोक्सिमा-सेंटौरी तारा हमसे

40,00,000 करोड़ किलोमीटर दूर है। प्रकाश के वेग के पैमाने के आधार पर दूसरे शब्दों में हम कहते हैं कि यह तारा हमसे 4.3 प्रकाश-वर्ष दूर है। आकाशगंगा के अनेक तारे हमसे हजारों प्रकाश-वर्ष दूर हैं। आज के खगोलविदों ने विशाल ब्रह्मांड में लगभग दस अरब प्रकाश-वर्ष दूर की मंदाकिनियों की खोज की है।

सूर्य की पृथ्वी से अधिकतम दूरी 15 करोड़ किलोमीटर (8 मिनट 18 सेकंड) है। ज्योतिष की भाषा में इस पृथ्वी-सूर्य दूरी को **खगोलीय इकाई** का नाम दिया गया है। सबसे नजदीक का प्रोक्सिमा-सेंटौरी तारा हमसे लगभग 2,60,000 खगोलीय इकाइयाँ दूर है।

और एक बात। ज्योतिष में दूरियाँ मापने के लिए एक और पैमाने का इस्तेमाल होता है। इसे हम **पारसेक** कहते हैं। एक पारसेक 3.26 प्रकाश-वर्षों के बराबर होता है।

अब हम बड़ी सुविधा से तारों की दूरियों को व्यक्त कर सकते हैं।

तारों के बारे में अधिकांश जानकारी पिछले करीब सौ साल में ही एकत्र की गई है। प्राचीन काल के ज्योतिषी तारों के भौतिक गुणधर्मों के बारे में तथा इनकी दूरियों के बारे में अधिक नहीं जानते थे। फिर भी उन्होंने तारों की गति-विधियों के बारे में अनेक बातें जान ली थीं। इसलिए सबसे पहले यह जानना जरूरी है कि प्राचीन काल में तारों के बारे में क्या-कुछ जाना गया था। किसी भी विज्ञान के अध्ययन के लिए उसके विकास की पृष्ठभूमि को समझना बड़ा उपयोगी होता है।

नक्षत्र-ज्ञान का विकास

आज के वैज्ञानिक यदा-कदा कह देते हैं कि धरती की सतह की अपेक्षा चाँद की सतह के बारे में वे अधिक बातें जानते हैं। यकीन नहीं होता, पर यह कथन काफी हद तक सही है। चाँद की चप्पा-चप्पा सतह के चित्र उतारे गए हैं। इसके विपरीत, हमारी इस धरती पर ऐसे अनेक प्रदेश हैं जिनके 'सभ्य' मानव ने अभी दर्शन नहीं किए हैं। एक सबूत : अभी कुछ समय पहले आस्ट्रेलिया के एक प्रदेश में आदिवासियों के एक कबीले की पहली बार खोज हुई।

आदिम मानव ने आकाश के नक्षत्र-मंडलों को पशु-पक्षियों के नाम दिए।

अब हजारों साल पहले के आदिम मानवों के बारे में विचार कीजिए। आदमी ने अभी गाँव नहीं बसाए थे। वह गुफाओं में रहता था और गिरोह बनाकर भटकता था। वह जिधर भी देखता, उसे धरती और आसमान मिले हुए नजर आते थे। वह आगे बढ़ता तो उसे क्षितिज भी आगे बढ़ता दिखाई देता। उसे धरती के विस्तार का कोई अंत नजर नहीं आता। वह सागरों के

समीप पहुँचता, फिर भी इस क्षितिज का कोई अंत उसे नजर नहीं आता। धरती का यह विस्तार उसे दिशाओं के बारे में भी जानकारी नहीं दे सकता था। यह धरती उसे समय के बारे में जानकारी देने में भी असमर्थ थी। धरती के इस असीम विस्तार को देखकर वह अवश्य ही घबरा जाता होगा।

लेकिन आसमान की ओर देखकर उसे कुछ राहत मिलती होगी। वह सोचता होगा—चलो, ऊपर एक छत तो है! दिन के समय आसमान में सूरज था। सूर्योदय व सूर्यास्त से उसे पूरब व पश्चिम दिशाओं का ज्ञान हो जाता था। रात के समय आसमान में चाँद था; आसमान की छत पर टिमटिमाते 'दीपक' थे। आसमान के कुछ प्रमुख तारे रात के वक्त उसे समय की जानकारी देते थे। चाँद की घटती-बढ़ती कलाओं से वह पखवारे का हिसाब रख सकता था। उसने यह भी जान लिया कि एक पूर्णिमा या अमावस्या के बाद दूसरी पूर्णिमा या अमावस्या एक निश्चित समय—महीने—के बाद आती है। आगे उसने सूर्य और कुछ तारों की नियमित गतियों से वर्षमान भी मालूम कर लिया।

इस प्रकार हम देखते हैं कि आदिम मानव-समाज को दो अत्यंत महत्त्वपूर्ण बातों की जानकारी आकाश के पिंडों का अवलोकन करने मे मिलती थी। ये दो बातें थीं—**दिशा-ज्ञान** और **समय-ज्ञान**। भोजन-सामग्री के बाद आदिम मानव को इन्हीं दो बातों की सबसे अधिक आवश्यकता थी। और, इन दो बातों की जानकारी वह आसमान का अवलोकन करके ही प्राप्त कर सकता था। इसलिए प्राचीन काल से ही इस धरती का मानव आकाश के पिंडों का गहराई से अवलोकन करता आया है।

आकाश के पिंडों के इसी सूक्ष्म अवलोकन के कारण प्राचीन काल के मानव को सूर्य, चंद्र, ग्रह तथा तारों की गतियों का अच्छा ज्ञान हो गया था। इनमें से चंद्र की गति का प्राचीन काल के मानव के लिए विशेष महत्त्व था। चंद्र की घटती-बढ़ती कलाओं से वह लंबे समय का हिसाब रखता था। मास (महीना) शब्द का मूल अर्थ है, चंद्र। जैसे, 'पूर्णमासी' शब्द का अर्थ है, 'पूर्ण चंद्र'। सभी प्राचीन सभ्यताओं के पंचांग चांद्र-पंचांग थे।

चंद्र खगोल के एक निश्चित पट्टे में यात्रा करता है। आकाश के ग्रह और सूर्य भी इसी पट्टे में यात्रा करते हैं। आकाश के इस गोल पट्टे को **रविपथ** या **क्रांतिवृत्त** कहते हैं। इसे चंद्रपथ या ग्रहपथ भी कहते हैं। चंद्र और सूर्य की तरह सारे ग्रह भी इसी क्रांतिवृत्त में आकाश की यात्रा करते हैं। तारों की सापेक्ष दूरियों में रोज-रोज फरक नहीं पड़ता। वे एक प्रकार की सुस्थिरता से परिक्रमा करते दिखाई देते हैं।

परतु उनकी पृष्ठभूमि में ग्रह अपनी-अपनी गतियों से क्रांतिवृत्त में यात्रा करते दिखाई देते हैं । इसलिए तारों की पार्श्वभूमि में ग्रहों को आसानी से पहचाना जा सकता है । प्राचीन काल के लोगों ने आँखों से दिखाई देनेवाले पाँच ग्रहों—बुध, शुक्र, मंगल, बृहस्पति व शनि—की खोज कर ली थी ।

चूँकि पुरातन काल से मानव चंद्रपथ या क्रांतिवृत्त का गहराई से अध्ययन करता आया है, इसलिए उसे इस क्रांतिवृत्त में स्थित तारों की भी

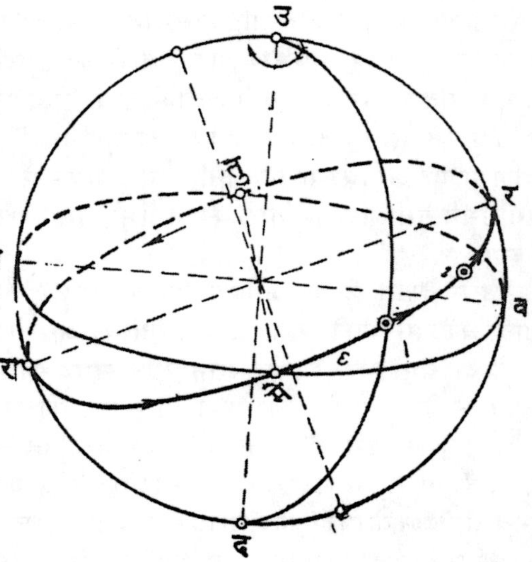

खगोल की इस आकृत्ति में वृहत् वृत्त 'र तु र मे' क्रांतिवृत है और 'व तु व मे' विषुववृत्त । उ = उत्तरी ध्रुव, और द = दक्षिणी ध्रुव । उत्तर ध्रुव के समीप का तीर खगोल की दैनिक गति की दिशा दर्शाता है—पूर्व से पश्चिम की ओर । क्रांतिवृत्त (रविपथ) पर सूर्य की गति दैनिक गति की विपरीत दिशा में रहती है, जो क्रांतिवृत्त पर तीर से दर्शाई गई है । सूर्य एक साल में इस क्रांतिवृत्त की एक परिक्रमा पूरी करता है ।

विषुववृत्त क्रांतिवृत्त को दो भागों में बाँटता है, इसलिए सूर्य छह महीने उत्तर गोलार्द्ध (उत्तरायण) में रहता है और छह महीने दक्षिण गोलार्द्ध (दक्षिणायन) में । क्रांतिवृत्त और विषुववृत्त जिन दो बिंदुओं ('मे' और 'तु') में एक-दूसरे को काटते हैं, उन्हें विषुव-बिंदु कहते हैं । बिंदु मे = मेष = वसंत विषुव, जब सूर्य दक्षिणायन से उत्तरायण में प्रवेश करता है (29 मार्च) । बिंदु तु = तुला = शरद—विषुव, जब सूर्य उत्तरायण से दक्षिणायन में प्रवेश करता है (23 सितंबर) ।

प्राचीन काल के ज्योतिषियों ने क्रांतिवृत्त के तारों को 12 राशियों में बाँटा था, इसलिए इसे राशिचक्र भी कहते हैं ।

अच्छी जानकारी हो गई थी। उसने जान लिया था कि इन 'स्थिर' तारों की पृष्ठभूमि में ही सूर्य, चंद्र एवं ग्रह चक्कर काटते हैं। इसलिए ये 'स्थिर' तारे चंद्र, सूर्य और ग्रहों की गतियों के लिए मापदंड बन गए। कहा जाने लगा—चंद्र आज अमुक तारे (नक्षत्र) के समीप है।

इस प्रकार क्रांतिवृत्त के प्रमुख तारों का अध्ययन शुरू हुआ। प्राचीन काल के ज्योतिषियों ने सुविधा के लिए इस क्रांतिवृत्त को कई भागों में बाँटा था। जैसे, बेबीलोनवालों ने इस क्रांतिवृत्त को 12 भागों में बाँटा था। इन्हें आज हम 12 **राशियों** के नाम से जानते हैं। पुराने जमाने के आदमियों ने यह भी देखा कि इस क्रांतिवृत्त के तारे समूह बनाकर आकाश का चक्कर काटते हैं। तारों के इन समूहों में कुछ विचित्र पशु-पक्षियों तथा मानव की आकृतियों की कल्पना की गई। इस प्रकार इन तारा-समूहों या नक्षत्र-मंडलों के नामकरण में सुविधा हुई।

बेबीलोन वालों का राशिचक्र। इसमें सिंह, कर्क, मिथुन आदि राशियों को आसानी से पहचाना जा सकता है।

आज से करीब पाँच-छः हजार साल पहले के मानव क्रांतिवृत्त की खोज कर चुके थे। ज्योतिष के क्षेत्र में प्राचीन सभ्यताओं की यह सबसे महत्त्वपूर्ण खोज थी। मिस्र व बेबीलोन के लोग क्रांतिवृत्त को कई भागों में बाँटकर उनमें विभिन्न आकृतियोंवाले नक्षत्र-मंडलों का चित्रीकरण एवं नामकरण कर चुके थे। क्रांतिवृत्त के इन तारों के अलावा प्राचीन मानव को आकाश के अन्य क्षेत्रों के कुछ प्रमुख तारों की भी अच्छी जानकारी थी। जैसे, उसे सप्तर्षि-मंडल की अच्छी पहचान थी।

सदियों तक क्रांतिवृत्त के तारों का अवलोकन करते हुए प्राचीन काल के ज्योतिषियों ने महत्त्व की एक और बात खोज निकाली। उन्होंने देखा कि यह क्रांतिवृत्त धीरे-धीरे सरकता है। जैसे, सौ साल पहले वर्ष के एक निश्चित समय में क्रांतिवृत्त का कोई तारा या तारा-मंडल आकाश के जिस स्थान पर था, वहाँ से वह सरक गया है। इस सरकाव को हम **अयन** कहते हैं। आज हम जानते हैं कि पृथ्वी की धुरी की एक विशेष गति के कारण यह अयन घटित होता है। पृथ्वी न केवल अपनी धुरी पर परिक्रमा करती है, बल्कि इसकी धुरी भी धीमी गति से एक वृत्त में चक्कर काटती है— लट्टू की धुरी की तरह। पृथ्वी की धुरी को एक पूरा चक्कर लगाने में लगभग 26,000 साल लगते हैं।

पृथ्वी की धुरी का उत्तरी सिरा आकाश के जिस तारे की ओर निर्देश करता है, उसे हम **ध्रुवतारा** कहते हैं। पर पृथ्वी की धुरी परिक्रमा करती रहती है, इसलिए ध्रुवतारा भी बदलता रहता है। आज से करीब पाँच हजार साल पहले एक दूसरे ही तारे को ध्रुव का स्थान प्राप्त था। आज से 13 हजार साल पहले **अभिजित नक्षत्र** ध्रुवतारा था और आज से 13 हजार साल बाद पुनः यही नक्षत्र ध्रुवतारा बनेगा।

संक्षेप में हम कह सकते हैं कि ज्योतिष के क्षेत्र में प्राचीन काल की दो प्रमुख उपलब्धियाँ हैं—**क्रांतिवृत्त** और **अयन** की खोज।

ऋग्वेद में 'नक्षत्र' शब्द तारे के अर्थ में आया है। ऋग्वेद में कुछ प्रमुख नक्षत्रों के नाम तो मिलते हैं, परंतु वहाँ हमें 27 नक्षत्रों की सूची नहीं मिलती। यह सूची हमें कुछ बाद के वैदिक साहित्य में मिलती है। तब इस 'नक्षत्र' शब्द का अर्थ 'तारा-समूह' या 'नक्षत्र-समूह' भी हो गया। तब हमें नक्षत्रों के साथ देवताओं के नाम भी मिलते हैं। कल्पना की गई कि नक्षत्र देवताओं के गृह हैं (देवगृहा वै नक्षत्राणि—**तैत्तिरीय-ब्राह्मण**)। ग्रहों को देवता माना गया था या इन्हें देवताओं के नाम दिए गए थे और ये ग्रह क्रांतिवृत्त के नक्षत्र-मंडलों में भ्रमण करते थे, इसीलिए नक्षत्रों को देवताओं के गृह माना गया था। **तैत्तिरीय-ब्राह्मण** में नक्षत्रों को पृथ्वी के चित्र कहा गया है। ऐसा इसलिए कि आकाश के नक्षत्र-मंडलों में तरह-तरह के

प्राणियों की कल्पना की गई थी।

हमारे प्राचीन साहित्य में इन नक्षत्र-मंडलों के बारे में बड़ी रोचक कथाएँ पढ़ने को मिलती हैं। जैसे व्याध, मृग और रोहिणी के बारे में **ऐतरेय-ब्राह्मण** में एक कथा है। मृग रूपी प्रजापति रोहिणी के पीछे पड़ गया। देवताओं को यह बात अखरी। उन्होंने एक व्याध (शिकारी) को पैदा करके उससे कहा कि तुम इस मृग को मारो। इसीलिए आकाश में रोहिणी के पीछे मृग और मृग के पीछे व्याध दौड़ता हुआ दिखाई देता है। अन्य नक्षत्र-मंडलों के बारे में भी ऐसी ही अनेक कथाएँ हैं। यूनानी आख्यानों में भी नक्षत्रों के बारे में लगभग इसी प्रकार की कथाएँ पढ़ने को मिलती हैं।

प्राचीन काल के ज्योतिषी सोचते थे कि तारे आकाश के एक गोल पर स्थिर हैं। वे सोचते थे कि तारों का यह गोल पृथ्वी की परिक्रमा करता है या पृथ्वी के धुरी-भ्रमण के कारण तारों का यह गोल चक्कर काटता दिखाई देता है। इसलिए वे सोचते थे कि आकाश के सभी तारे पृथ्वी से समान दूरी पर हैं। अतः स्पष्ट है कि पुराने जमाने के ज्योतिषी तारों की दूरियों के बारे में कुछ नही जानते थे, जान भी नहीं सकते थे।

तारों के आकार-प्रकार तथा इनके भौतिक गुणधर्मों के बारे में भी उन्हें कोई जानकारी नहीं थी। आकाश के पिंडों के बारे में उनकी सारी जानकारी आँखों के अवलोकन पर आधारित थी। आकाश के पिंडों के बारे में उनका सारा अध्ययन **स्थिति-मापक** और **गति-मापक** था। सूर्य, चंद्र व ग्रहों की गतियों को जानने के लिए उन्होंने गणितीय सिद्धांतों का भी निर्माण कर लिया था। यह कामचलाऊ गणित था। सिकंदरिया के महान यूनानी ज्योतिषी **तालेमी** (ईसा की दूसरी सदी) ने ग्रहों की गतियों के बारे में जिस उपयोगी गणितीय सिद्धांत की स्थापना की थी, वह यूरोप में कोपर्निकस व केपलर के समय तक मान्य रहा। प्राचीन काल के ज्योतिषियों की यह भी मान्यता थी कि पृथ्वी विश्व के केंद्र-भाग में है और चंद्र, सूर्य तथा अन्य सारे ग्रह इसकी परिक्रमा करते हैं।

खगोल का प्रतिरूप (सोलहवीं सदी)

हमारे देश में पहली बार **वेदांग-ज्योतिष** में ज्योतिषीय गणित के दर्शन होते हैं। फिर ज्योतिष के सिद्धांत-ग्रंथों में इस गणित का विकास हुआ। बाद में आर्यभट, ब्रह्मगुप्त, वराहमिहिर व भास्कराचार्य-जैसे गणित-ज्योतिषियों ने इस गणित के विकास में योग दिया।

चूँकि तारों के बारे में यह दृढ़ मान्यता थी कि ये आकाश के एक गोल पर स्थिर हैं, इसलिए इनकी गतियों को मापने की कोई जरूरत नहीं थी। प्राचीन काल के ज्योतिषी नहीं जानते थे कि लंबी कालावधि में तारे भी अपना स्थान बदलते हैं। इसलिए तारों की केवल स्थितियों को ही जानने की उन्हें जरूरत थी। तारों की स्थितियों को जानने के लिए उन्हें केवल दो चीजों की जरूरत थी—उचित निर्देशांक और सूक्ष्म वेध के लिए कोई कोण-मापक उपकरण। इनकी सहायता से वे आकाश के प्रमुख तारों की स्थितियाँ निर्धारित कर सकते थे।

बेबीलोन या खल्दिया के ज्योतिषियों ने सबसे पहले तारों की ऐसी सूचियाँ तैयार की थीं। यूनान के ज्योतिषी **हिप्पार्कस** (190-120 ई. पूए) ने देखा कि उनके समय में तारों की स्थितियों में कुछ फरक पड़ गया है, इसलिए उन्होंने करीब एक हजार तारों की एक नई सूची तैयार की।

तेरहवीं सदी के ज्योतिषी तारों को स्थितियाँ निर्धारित कर रहे हैं। चित्र में बीच के ज्योतिषी के बाएँ हाथ में 'एस्ट्रोलेब' यंत्र है।

समरकंद के महान ज्योतिषी उलूगबेग (1394-1449 ई०)
(चित्र : रूसी 'बाल-विश्वकोश' से साभार)

हिप्पार्कस की इसी सूची के आधार पर बाद में **तालेमी** (140 ई०) ने एक नई सूची तैयार की थी। हमारे देश के वैदिक साहित्य में तारों की ऐसी स्थितिसूचक कोई सारणी नहीं मिलती।

अरब-जगत के ज्योतिषी तारा के अध्ययन में काफी आगे थे। उन्होंने वेध के लिए एस्ट्रोलेब-जैसे सूक्ष्म वेधयंत्र का विकास किया था। उन्होंने कई वेधशालाएँ भी स्थापित की थीं।

मध्य एशिया के महान ज्योतिषी **उलूगबेग** (1394-1449 ई०) ने समरकंद में एक वेधशाला स्थापित की। अन्य ज्योतिषियों के सहयोग से उन्होंने 1018 तारों की एक सूक्ष्म सारणी तैयार की। इस सारणी का यूरोप के देशों में खूब स्वागत हुआ। बाद में यूरोप के महान ज्योतिषी **तीखो ब्राहे** (1546-1601 ई०) ने सूक्ष्म वेधयंत्रों की सहायता से एक हजार तारों की एक उत्तम सारणी तैयार की। ब्राहे के महान शिष्य **केपलर** (1571-1630 ई०) ने इन्हीं सूक्ष्म सारणियों की सहायता से अंत में ग्रह-गतियों के नियम खोज निकाले थे।

महाराजा सवाई जयसिंह द्वितीय
(1686-1743 ई.)

जयपुर के **महाराजा सवाई जयसिंह** (द्वितीय) ने अठारहवीं सदी के पूर्वार्द्ध में जयपुर, दिल्ली, काशी, मथुरा व उज्जैन में भव्य वेधशालाएँ (जंतर-मंतर) स्थापित कीं। जयसिंह ने ये वेधशालाएँ समरकंद की वेधशाला के आधार पर बनवाई थीं। उन्होंने अपने दरबार के ज्योतिषी **जगन्नाथ पंडित** से तालेमी के महान ज्योतिषी-ग्रंथ 'अल्-मजिस्ती' (मूल ग्रंथ यूनानी भाषा में था) का अरबी से संस्कृत में अनुवाद भी करवाया और तारों की एक सारणी तैयार

की । लेकिन अब इन सारे प्रयासों की कोई उपयोगिता नहीं थी, क्योंकि यूरोप में ज्योतिष- विज्ञान काफी आगे बढ़ चुका था ।

यूरोप के महान ज्योतिषी **कोपर्निकस** (1473-1543 ई०)ने पुराने भूकेंद्रवादी सिद्धांत का तख्ता उलट दिया और सूर्यकेंद्रवादी सिद्धांत की स्थापना की । केपलर ने ग्रह-गतियों के वैज्ञानिक नियम खोज निकाले । **न्यूटन** (1642-1727 ई०) ने गुरुत्वाकर्षण का महान सिद्धांत खोज निकाला । परंतु उनके भी पहले **गैलीलियो** (1564-1642 ई०) में पहली बार दूरबीन से आकाश का अवलोकन किया । गैलीलियो ने अपनी दूरबीन से चंद्रमा के पहाड़ देखे, बृहस्पति ग्रह के चार चंद्र देखे । इतना ही नहीं, उन्होंने पहली बार प्रत्यक्ष अवलोकन से सिद्ध किया कि आकाशगंगा का शुभ्र पट्टा अनगिनत तारों से बना हुआ है ।

ज्योर्दानो ब्रूनो : ''विश्व के केंद्र में पृथ्वी नहीं, सूर्य है । आकाश में अनगिनत सूर्य (तारे) हैं । दूसरे तारों के ग्रहों पर भी जीवन का अस्तित्व है… ।''

गैलीलियो के बाद यूरोप में बड़ी-बड़ी और बेहतर दूरबीनें बनीं । इनसे आकाश में अधिककाधिक तारों को देखना संभव हुआ । न्यूटन ने एक नई किस्म की दूरबीन बनाई थी । और, न्यूटन की प्रकाश के सात रंगों की खोज बाद में जाकर तारों के अध्ययन में बड़ी उपयोगी सिद्ध हुई ।

सत्रहवीं सदी के आठवें दशक में फ्रांसीसी वैज्ञानिकों ने खगोल-विज्ञान के लिए उपयोगी कुछ अत्यंत महत्त्वपूर्ण तथ्य खोज निकाले। **कास्सिनी** ने पृथ्वी से सूर्य की सही दूरी निर्धारित की (1672 ई०)। तब से हम जानते हैं कि सूर्य हमसे 14,95,60,000 किलोमीटर या 9,30,00,000 मील दूर है। यह दूरी मालूम हो जाने पर शनैः-शनैः आकाश के अन्य पिंडों की दूरियाँ ज्ञात करना भी संभव हुआ। 1675 ई० में **रोमर** ने पहली बार प्रकाश के वेग को निर्धारित किया। पहले हम बता चुके हैं कि प्रकाश की किरणें एक सेकंड में 3,00,000 किलोमीटर दूरी तय करती हैं। ज्योतिष-विज्ञान के इतिहास में इस खोज का बड़ा महत्त्व है।

कोपर्निकस के सूर्यकेंद्रवादी सिद्धांत की स्थापना के बाद भी यूरोप के बहुत-से लोग यह मानने के लिए तैयार नहीं थे कि पृथ्वी विश्व के केंद्र में स्थित नहीं है। इटली के ज्योतिषी **ज्योर्दानो ब्रूनो** ने यूरोप के नगरों में घूम-घूमकर कोपर्निकस के सिद्धांत का प्रचार किया। ब्रूनो यह भी प्रचार करते रहे कि आकाश में हमारे सूर्य-जैसे अनगिनत तारे हैं और यह विश्व अनंत है। उनके इसी प्रचार के कारण यूरोप के ईसाइयों ने 1600 ई० में उन्हें जिंदा जला दिया!

न्यूटन के गुरुत्वाकर्षण-सिद्धांत के प्रकाशन में उनके मित्र **एडमंड हेली** का बड़ा हाथ रहा है। कुछ विद्वानों का तो यहाँ तक कहना है कि हेली ने अंशतः गुरुत्वाकर्षण-सिद्धांत की खोज कर ली थी। जो भी हो, इस सिद्धांत की सहायता से तारों का अध्ययन करनेवाले वे पहले ज्योतिषी थे। नेपोलियन के काफी पहले स्वेच्छा से सेंट हेलेना के सुनसान टापू में अठारह महीने बिताकर हेली ने दक्षिणी खगोल के 341 तारों की एक सारणी तैयार की थी।

सेंट हेलेना से लौटकर हेली ने तारों की प्राचीन सारणियों का गहन अध्ययन किया। उन्होंने पुरानी सारणियों की नई सारणियों के साथ तुलना की। इससे उन्हें एक नई बात की जानकारी मिली। उन्होंने देखा कि हिप्पार्कस के समय (ईसा पूर्व दूसरी सदी) से व्याध, रोहिणी, स्वाति आदि नक्षत्रों की स्थिति में कुछ फरक पड़ गया है, अर्थात् ये नक्षत्र अपने स्थानों से विचलित हुए हैं। इसका यह अर्थ हुआ कि तारे स्थिर नहीं हैं। ये अपना स्थान बदलते हैं। इन पर भी गुरुत्वाकर्षण का प्रभाव पड़ता है। यह एक महान खोज थी।

हेली ने गुरुत्वाकर्षण के सिद्धांत को धूमकेतुओं पर लागू किया और एक धूमकेतु के वापस लौट आने के समय की भविष्यवाणी की। आज यह धूमकेतु **हेली का धूमकेतु** नाम से प्रसिद्ध है।

गैलीलियो ने अपनी दूरबीन से देखा था कि आकाशगंगा में अनगिनत

तारे हैं। परंतु इस आकाशगंगा के असली स्वरूप के बारे में तब तक कोई ठोस जानकारी नहीं मिली थी। भारतीय आख्यानों के अनुसार यह आकाश की गंगा थी और यूनानी आख्यानों के अनुसार यह आकाशगंगा हेरा देवी का छितरा हुआ दूध थी।

पर अठारहवीं सदी के मध्यकाल तक यह स्पष्ट हो गया कि यह आकाशगंगा तारों की एक विशाल योजना है और इसका आकार लेंस-जैसा है। पहली बार यह तथ्य खोज निकाला इंग्लैंड के ज्योतिषी **थॉमस राइट** ने, 1750 ई० के आसपास। थॉमस राइट पहले एक नाविक थे। उस जमाने में, और आज भी, नाविकों को तारों की जानकारी की बड़ी जरूरत रहती थी। राइट ने नाविक का काम छोड़ दिया और वे तारों का अध्ययन करने में जुट गए।

आकाशगंगा की ओर देखकर उन्होंने एक सवाल पूछा—क्या आकाशगंगा के इस पट्टे में आकाश के अन्य क्षेत्रों की अपेक्षा तारों का घनत्व अधिक है? दीखता तो ऐसा ही है। परंतु राइट इस परिणाम पर पहुँचे कि यह सिर्फ एक दृष्टिभ्रम है। वस्तुतः इस आकाशगंगा के तारे भी एक-दूसरे से उतने ही दूर होने चाहिए, जितने कि आकाश के अन्य क्षेत्रों के तारे एक-दूसरे से दूर हैं।

सचाई यही है। हमारा सूर्य, और इसके साथ हम भी, इस आकाशगंगा योजना के भीतर हैं, इसलिए इस आकाशगंगा का केंद्रीय समतल हमें एक पट्टे की तरह दिखाई देता है। थॉमस राइट के मतानुसार, तारों की यह योजना लेंस के आकार की थी। यह एक महान विचार था। यहाँ पहली बार तारों की एक योजना का सिद्धांत प्रस्तुत किया गया था। पहली बार सौर-मंडल की योजना के अलावा एक और योजना—तारों की योजना—की वास्तविकता स्पष्ट हो गई थी।

जर्मनी के महान दार्शनिक **कांट** (1724-1804 ई.) अपने भाववादी चिंतन के लिए प्रसिद्ध हैं। परंतु अपने ज्योतिषीय सिद्धांतों में वे एक पक्के भौतिकवादी नजर आते हैं। कांट ने थॉमस राइट के लेखों का अध्ययन किया और अंत में विश्वोत्पत्ति के बारे में एक सिद्धांत की स्थापना की। इस सिद्धांत के लिए उन्हें किसी ईश्वर की जरूरत नहीं थी। कांट ने एक स्थान पर लिखा भी है कि यदि उन्हें पर्याप्त द्रव्य मिल जाए, तो वे विश्व का निर्माण करके दिखा सकते हैं!

विश्वोत्पत्ति के अपने सिद्धांत में **कांट** ने कहा कि ग्रहों की तरह तारे भी दीर्घवृत्तों में और एक समतल में आकाशगंगा के केंद्रभाग की परिक्रमा करते रहते हैं। कांट की दूसरी परिकल्पना यह थी कि विश्व में सिर्फ यही एक तारक-योजना (आकाशगंगा) नहीं है। इसके परे और भी अनेक

आकाशगंगाएँ हो सकती हैं । कुछ समय बाद **हेनरिख लैंबर्ट** ने भी विशाल ब्रहमांड में आकाशगंगा जैसे-अनगिनत **द्वीप-विश्वों** की कल्पना की । यह 1761 ई. की बात है । स्पष्ट है कि यूरोप के खगोलविदों ने ब्रहमांड के विस्तार को अब 'अनंत सीमा' तक पहुँचा दिया था ।

इंग्लैंड के महान खगोलविद् **विलियम हर्शेल** (1738-1822 ई.) ने 1781 में एक नए ग्रह यूरेनस की खोज की थी । हर्शेल मूलतः एक संगीतज्ञ थे । खगोल के संगीत का अध्ययन उन्होंने चालीस साल की उम्र के बाद आरंभ किया ! वे एक कुशल दूरबीन-निर्माता थे । एक उत्तम दूरबीन की सहायता से ही उन्होंने यूरेनस ग्रह की खोज की थी ।

हर्शेल का तारों संबंधी अध्ययन और भी अधिक महत्त्व का है । अपनी बढ़िया दूरबीनों से उन्होंने जाना कि आकाश में अनेक जुड़वा तारे हैं । ज्योतिष की भाषा में ऐसे तारों को हम **युग्म तारा** कहते हैं । ऐसे तारे एक-दूसरे की परिक्रमा करते हैं । अकेले हर्शेल ने लगभग आठ सौ युग्म तारों की खोज की थी । आज के खगोलविदों ने बीस हजार से भी अधिक युग्म तारों को खोज लिया है । आज हम यह भी जानते हैं कि आकाश का हर तीसरा तारा एक युग्म तारा है । न केवल दो तारे, बल्कि तीन, चार, छह या आठ तारे भी समूह बनाकर एक-दूसरे की परिक्रमा करते रहते हैं ।

हर्शेल ने अनेक युग्म तारों की कक्षाएँ निर्धारित कीं । चूँकि युग्म तारों की ये कक्षाएँ गुरुत्वाकर्षण के नियम का अनुसरण करती हैं, इसलिए इन तारों के द्रव्यमान भी निर्धारित किए जा सकते हैं । यह एक महान खोज थी । पहली बार खगोलविदों के हाथ एक ऐसी कुंजी लगी, जिससे वे तारों के द्रव्यमान निर्धारित कर सकते थे ।

आकाश की गहराई में खोज करके हर्शेल ने यह भी जाना कि आकाशगंगा के कुछ तारे एक-दूसरे के काफी नजदीक हैं । ये तारे एक प्रकार का गुच्छ बनाते हैं, इसलिए इन्हें हम **तारा-गुच्छ** कहते हैं । तारा-गुच्छ का एक बढ़िया उदाहरण है कृत्तिका के तारे । पर आकाशगंगा में तारा-गुच्छों की संख्या बहुत अधिक नहीं है । अब तक कुछ सौ तारा-गुच्छ ही खोजे गए हैं ।

हर्शेल की एक और खोज : उन्होंने सिद्ध किया कि हमारा सूर्य-तारा **हरकुलीज नक्षत्र** की ओर आगे बढ़ रहा है । सूर्य के इस स्थित्यंतर का कारण बाद में स्पष्ट हो गया । आकाशगंगा एक विशाल पहिए के आकार की तारक योजना है । जिस प्रकार सौरमंडल के ग्रह विभिन्न कक्षाओं में और विभिन्न वेगों से सूर्य की परिक्रमा करते हैं, उसी प्रकार तारे भी विभिन्न कक्षाओं में और विभिन्न वेगों से आकाशगंगा के केंद्र की परिक्रमा करते रहते हैं । हमारा सूर्य-तारा, अपने सभी ग्रहों के साथ, आकाशगंगा के केंद्र

की लगभग 220 किलोमीटर प्रति सेकंड के वेग मे परिक्रमा करता रहता है। हरकुलीज नक्षत्र आकाशगंगा के केंद्र में नहीं है, यह सूर्य के कुछ समीप का नक्षत्र है और सूर्य से भिन्न कक्षा में तथा भिन्न वेग से आकाशगंगा की परिक्रमा करता रहता है। इसीलिए हमारा सूर्य-तारा इस हरकुलीज नक्षत्र की ओर बढ़ता दिखाई देता है—जैसे सौर-मंडल के दो ग्रह आकाश में कभी-कभी एक-दूसरे के नजदीक जाते दिखाई देते हैं।

पृथ्वी के साथ हम एक दिन में इसकी धुरी का चक्कर लगाते रहते हैं। फिर इस पृथ्वी के साथ एक वर्ष में हम सूर्य का चक्कर लगाते हैं। हर्शेल की नई खोज ने हमें एक और गति की जानकारी दी। पूरा सौर-मंडल, और इसके साथ हम, प्रति सेंकड 220 किलोमीटर के वेग से सूर्य के साथ आकाशगंगा के केंद्र की परिक्रमा करते रहते हैं। आकाशगंगा में सूर्य-तारे की कक्षा इतना बड़ी है कि इसे आकाशगंगा का एक पूरा चक्र लगाने में लगभग 25 करोड़ वर्ष लगते हैं। इसका अर्थ यह है कि जब से इस धरती पर मानव का जन्म हुआ है, तबसे सूर्य ने आकाशगंगा का अभी एक चक्कर भी पूरा नहीं किया है।

हम बता चुके हैं कि हर्शेल एक कुशल दूरबीन-निर्माता थे। उन्होंने अपने समय की संसार की सबसे बड़ी दूरबीन बनाई थी। इस दूरबीन की सहायता से हर्शेल ने खगोल के चप्पे-चप्पे का अध्ययन किया। इस तरह उन्होंने पहली बार आकाशगंगा का एक नक्शा तैयार किया। उन्होंने तारों की कांतियों का तुलनात्मक अध्ययन करके इनकी दूरियाँ जानने का प्रयत्न किया। चूँकि तारों की कांति व दूरी का कोई निश्चित संबंध नहीं है, इसलिए हर्शेल का यह तरीका उपयोगी नहीं था। हर्शेल की मृत्यु के सोलह साल बाद ही पहली बार तारों की सही दूरियाँ मालूम करना संभव हुआ। लेकिन हमें स्वीकार करना होगा कि हर्शेल एक महान ज्योतिषी थे और अपने अनुसंधानों से उन्होंने ज्योतिष-विज्ञान को बहुत आगे पहुँचा दिया था।

प्राचीन काल के ज्योतिषियों का अध्ययन आँखों से दिखाई देनेवाले तारों के स्थिति-मापन एवं गति-मापन तक ही सीमित था। हर्शेल के समय हमें आकाशगंगा के विस्तार, इसमें तारों की व्याप्ति तथा इन तारों की गतियों के बारे मे जानकारी मिली। लेकिन अभी तक तारों के भौतिक गुणधर्मों के बारे में बहुत थोड़ी जानकारी मिल पाई थी। तारों की रासायनिक रचना के बारे में तो कुछ भी जानकारी नहीं मिली थी। तारों के बारे में यह अत्यंत उपयोगी जानकारी प्राप्त हुई **वर्णक्रमदर्शी** (स्पेक्ट्रोस्कोप) नामक एक अद्भुत उपकरण से। पिछले करीब डेढ़ सौ साल में खगोल-विज्ञान का जो तेजी से विकास हुआ है, उसमें सबसे अधिक सहायक हुआ है यही वर्णक्रमदर्शी उपकरण।

न्यूटन ने सिद्ध किया था कि सूर्य का सफेद प्रकाश मुख्यतः सात रंगों से बना है। सूर्य के प्रकाश की किरणें जब किसी प्रिज्म से गुजरती हैं, तो परदे पर हमें सात रंगों का पट्टा दिखाई देता है। इसे हम **वर्णक्रम** कहते हैं। प्रिज्म से जो वर्णक्रम प्राप्त होता है उसमें रंगों की सीमाएँ स्पष्ट नहीं रहतीं। अतः एक विस्तृत वर्णक्रम प्राप्त करने के उद्देश्य से **जोजेफ फ्रौनहोफेर** (1787-1826 ई.) ने इस प्रिज्म के साथ एक दूरबीन जोड़ दी। इस यंत्रयोजना को घूमनेवाले एक मंच पर स्थापित करने से वर्णक्रमदर्शी उपकरण बनता है।

फ्रौनहोफेर एक स्वयं-शिक्षित जर्मन वैज्ञानिक थे और सामान्य परिस्थिति से ऊपर उठे थे। उन्होंने विशुद्ध लेंस तैयार करने की नई विधियाँ खोज निकालीं और उनके द्वारा तैयार की गई दूरबीनों की यूरोप में बड़ी माँग थी। प्रिज्म के साथ दूरबीन जोड़कर जब उन्होंने वर्णक्रम को देखा तो उसमें उन्हें अद्भुत दृश्य दिखाई दिया। वर्णक्रम में उन्हें विभिन्न चौड़ाइयों की बहुत-सारी काली रेखाएँ दिखाई दीं। आज हम इन काली रेखाओं को **फ्रौनहोफेर रेखाएँ** कहते हैं।

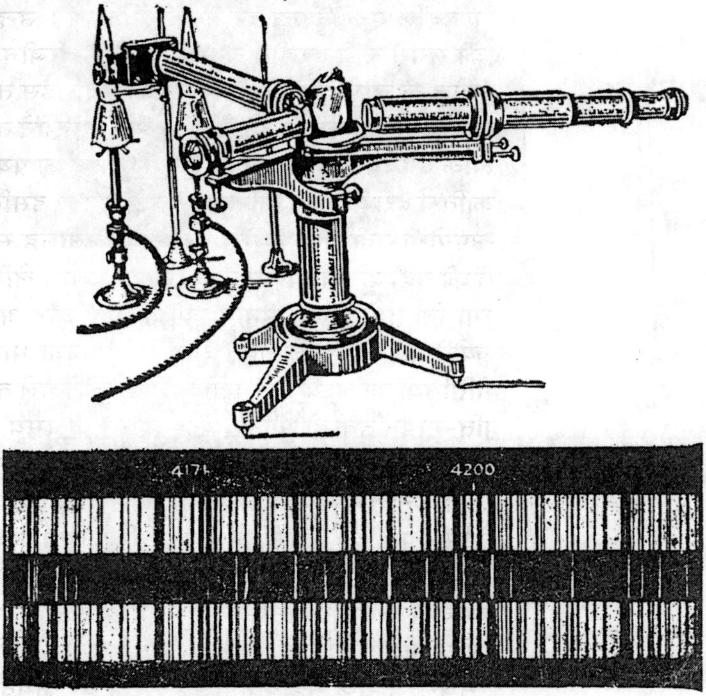

ऊपर : किरचौफ का सुधरा हुआ वर्णक्रमदर्शी (स्पेक्ट्रोस्कोप)
नीचे : बीच में लोहे का वर्णक्रम और ऊपर-नीचे सूर्य का वर्णक्रम।

स्वयं फ्रौनहोफेर इन रेखाओं के महत्त्व को समझ नहीं पाए थे। पर आज हम जानते हैं कि ये रेखाएँ इस प्रकार से 'प्रकाश की भाषा' हैं। वर्णक्रम की इन्हीं रेखाओं के गहन विश्लेषण से वैज्ञानिकों को बाद में आकाश के दूरस्थ पिंडों के भौतिक गुणधर्मों के बारे में जानकारी मिली।

फ्रौनहोफेर द्वारा निर्मित दूरबीनें आकार में छोटी थीं, परंतु सूक्ष्मता में वे बेजोड़ थीं। फ्रौनहोफेर-दूरबीनों से खगोलविदों ने आकाशगंगा के तारों के बारे में अनेक नए तथ्य खोज निकाले। अब तक तारों की दूरियाँ मालूम करने का कोई साधन हाथ नहीं लगा था। खगोल-विज्ञान के इतिहास में पहली बार 1838 ई. में एक तारे की दूरी निर्धारित की गई। पहली बार तारों की दूरी मालूम करनेवाले ये खगोलविद् थे **हेंडरसन** और **बेस्सेल**।

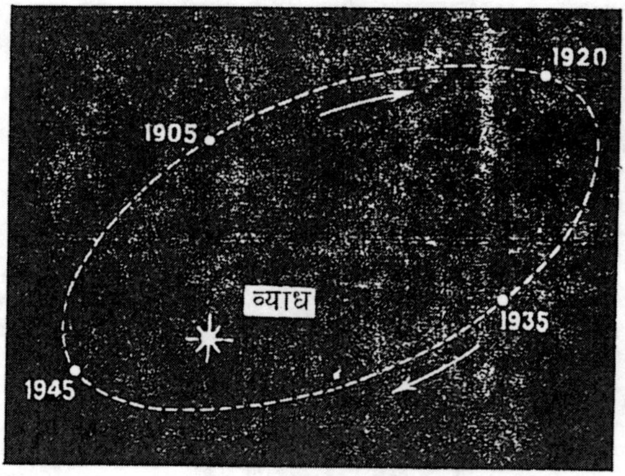

व्याध का साथी तारा 50 वर्षों में उसकी एक परिक्रमा पूरी कर लेता है।

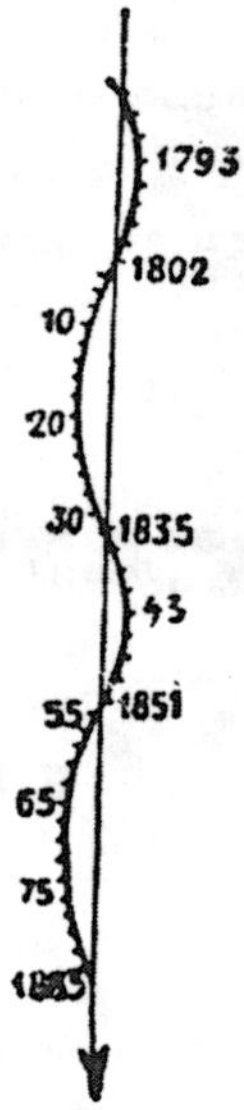

तारों के मध्य व्याध तारे का 1793- 1883 ई. के बीच का यात्रपथ। इसी के आधार पर बेस्सेल ने कल्पना की थी कि व्याध की गति को प्रभावित करने वाला उसका कोई साथी तारा होना चाहिए।

बेस्सेल एक कुशल वेधकर्ता थे। उन्होंने आकाश के करीब 50,000 तारों की सूक्ष्म स्थितियाँ निर्धारित कीं। तारों की सूक्ष्म स्थितियों की जानकारी होने से वे यह निर्धारित करने में भी समर्थ थे कि कौन-सा तारा कितने समय में अपने स्थान से कितना विचलित होता है। 1830 ई. से 1840 ई. तक, लगातार दस साल तक अवलोकन करने के बाद उन्होंने जाना कि आकाश का सबसे चमकीला व्याध तारा एक वक्र में अपनी स्थिति बदलता रहता है। इससे वे इस परिणाम पर पहुँचे कि व्याध के नजदीक

इसका कोई 'साथी तारा' होना चाहिए। बेस्सेल के समय की दूरबीनों से व्याध के इस साथी तारे को देख पाना संभव नहीं था। परंतु आज हम जानते हैं कि सचमुच ही व्याध के समीप एक अन्य तारा है और यह जोड़ी एक-दूसरे की परिक्रमा करती रहती है।

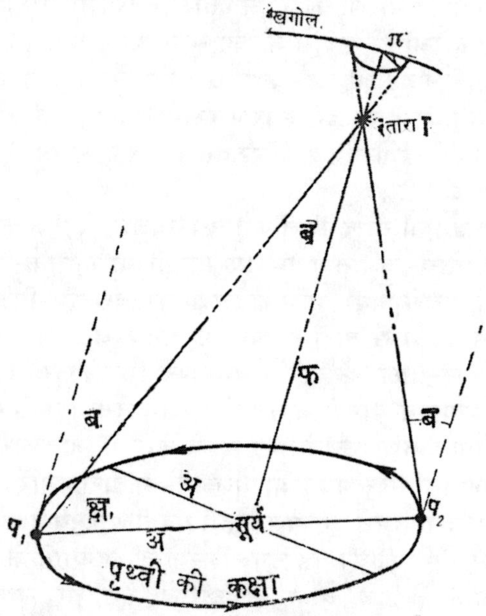

पृथ्वी एक विशाल कक्षा में सूर्य की परिक्रमा करती है, इसलिए प₁ और प₂ स्थानों के अवलोकनों से तारे का वार्षिक लंबन (π) ज्ञात किया जा सकता है। ∠ ब बहुत छोटा होता है। तारे का लंबन (π) ज्ञात हो जाने पर त्रिकोणमिति से उसकी दूरी (फ) मालूम की जा सकती है। अ=पृथ्वी-सूर्य औसत दूरी=खगोलीय इकाई। तारों के वार्षिक लंबन से यह सिद्ध होता है कि हमारी पृथ्वी सूर्य की परिक्रमा करती है।

तारों के सूक्ष्म स्थित्यंतरों के आधार पर अब बेस्सेल तारों की दूरियाँ निर्धारित करने में जुट गए। पर यह बड़ा कठिन काम था।

हमारी पृथ्वी लगभग 15 करोड़ किलोमीटर की दूरी से सूर्य की परिक्रमा करती रहती है। अतः पृथ्वी की इस परिक्रमा-कक्षा का व्यास होगा लगभग 30 करोड़ किलोमीटर। इस कक्षा के दो विपरीत स्थलों से, अर्थात् छह महीने के अंतर से, किसी तारे का अवलोकन किया जाए तो उस तारे को हम एक बहुत ही छोटे दीर्घवृत्त में चक्कर काटते हुए देखते हैं। तब त्रिकोणमिति से उस तारे की दूरी ज्ञात की जा सकती है। ज्योतिष की भाषा में इसे लंबन (पैरेलेक्स) विधि कहते हैं।

बेस्सेल ने इस विधि से पहली बार 1838 ई. में हंस नक्षत्र-मंडल के नं. 61 के तारे की दूरी निर्धारित की। पता चला कि यह तारा हमसे 11 प्रकाश-वर्ष दूर है। इसके बाद और भी कुछ तारों की दूरियाँ मालूम की गईं। पर लंबन की इस विधि में अनेक कठिनाइयाँ हैं। इस विधि से नजदीक के कुछ तारों की दूरियाँ ही मालूम की जा सकती हैं। इसलिए 1900 ई. तक करीब 60 तारों की दूरियाँ ही मालूम की जा सकी थीं। फिर 1912 ई. में **चरकांति** तारों की खोज हुई और उनके आधार पर दूरस्थ तारों की दूरियाँ मालूम करना संभव हुआ। पर हमें स्मरण रखना चाहिए कि ज्योतिष के इतिहास में बेस्सेल पहले खगोलविद् थे जिन्होंने 1838 ई. में पहली बार एक तारे की दूरी मालूम की थी।

आज से करीब डेढ़ सौ साल पहले ज्योतिष-विज्ञान में एक क्रांतिकारी परिवर्तन हुआ। ज्योतिष-विज्ञान ने यह नया मोड़ लिया भौतिक-विज्ञान के कारण। इसमें भी सबसे बड़ी भूमिका अदा की वर्णक्रम-विज्ञान ने। वर्णक्रमदर्शी की सहायता से तारों के बारे में अनेक बातें जानना संभव हुआ। तारों के आकार-प्रकार के बारे में जानकारी मिलने लगी। तारों की द्रव्यराशि तथा तापमान के बारे में जानकारी मिलने लगी। तारों में निहित तत्त्वों, उनका अनुपात तथा उनके घनत्व के बारे में जानकारी मिलने लगी। अंत में यह जानना भी संभव हुआ कि कौन-सा तारा हमारे समीप आ रहा है और कौन-सा तारा हमसे दूर जा रहा है। यह सब संभव हुआ ज्योतिष के अध्ययन के लिए भौतिकी की नई उपलब्धियों को अपनाने के कारण। इसीलिए हम कहते हैं कि आज से करीब डेढ़ सौ साल पहले **खगोल-भौतिकी या ज्योतिर्भौतिकी** ने जन्म लिया।

आगे हम तारों के वर्गीकरण तथा उनके भौतिक गुणधर्मों के बारे में विस्तृत जानकारी दे रहे हैं। अतः उसी समय हम यह भी जानेंगे कि **खगोल-भौतिकी** की ये नई विधियाँ क्या हैं और इनकी खोज कैसे हुई है।

संक्षेप में, सन् 1609 ई. तक आदमी की आँखें ही दूरबीन थीं और तब तक आकाश में अधिक-से-अधिक छः हजार तारों को ही देख पाना संभव था। प्राचीन काल के ज्योतिषियों का आकाश संबंधी सारा अध्ययन स्थिति-मापक एवं गति-मापक था। अठारहवीं सदी के मध्यकाल में पहली बार जानकारी मिली कि आकाशगंगा तारों की एक विशाल योजना है। 1838 ई. से तारों की दूरियाँ मापना संभव हुआ। और, 1870 ई. के बाद हमें तारों के विविध प्रकार तथा उनके भौतिक गुणधर्मों के बारे में जानकारी मिलने लगी।

आज से करीब डेढ़ सौ साल पहले खगोल-भौतिकी ने जन्म लिया।

तारों से अनेक प्रकार की किरणें उत्सर्जित होती हैं। इनमें से

प्रकाश-किरणें और एक विशिष्ट किस्म की रेडियो-किरणें ही वायुमडल को पार करके धरातल तक पहुँचती हैं । इसलिए आधुनिक काल तक हम क़ेवल प्रकाश की 'खिड़की' से ही आकाश का अवलोकन करते रहे । दूसरे महायुद्ध के समय रेडियो-किरणों की खिड़की खुली । तब से रेडियो-दूरबीनें बनने लगीं ।

अंतरिक्ष यात्रा का युग शुरू होने पर उपग्रहों में स्थापित उपकरणों को वायुमंडल के ऊपर भेजना संभव हुआ । तब से एक्स-किरणों, गामा किरणों आदि की खिड़कियाँ भी खुल गई हैं । अब तारों, मंदाकिनियों आदि के बारे में हमें व्यापक जानकारी मिल रही है ।

आकाशगंगा : एक विशाल तारक-योजना

रात के समय आकाश में तारों का एक पट्टा दिखाई देता है। इसे हम आकाशगंगा के नाम से जानते हैं। प्राचीन यूनान के लोग इस पट्टे को 'दूध का पथ' कहते थे। पर आज हम जानते हैं कि आकाश का यह शुभ्र पट्टा न 'दूध का पथ' है और न 'आकाश की गंगा'। यह तारों का पट्टा है। और इसमें अरबों तारे हैं।

कई बार ऐसा होता है कि जो चीज हमें जैसी दिखाई देती है, वस्तुतः वह वैसी नहीं होती। यह आकाशगंगा भी ठीक वैसी नहीं है, जैसी यह हमें दिखाई देती है। यह पहिए के आकार की एक विशाल तारक-योजना है।

तो फिर आकाश में यह हमें एक पट्टे की तरह क्यों दिखाई देती है?

आइए, हम एक पहिए पर विचार करें। कल्पना कीजिए कि यह पहिया ठोस लकड़ी या धातु का नहीं है, बल्कि खोखला है या धूलि-कणों से बना है। यह भी कल्पना कीजिए कि इस पहिए की परिधि की ओर एक कण पर एक चींटी बैठी है।

अब यदि वह चींटी उस पहिए को उसके केंद्रभाग की ओर देखती है, तो उसे वह पहिया कणों के एक पट्टे की तरह दिखाई देगा। आकाशगंगा में हमारी स्थिति उस चींटी की तरह ही है।

खगोलविद् हमें जानकारी देते हैं कि आकाशगंगा में कम-से-कम 100 अरब और अधिक-से-अधिक 150 अरब तारे हैं। इनमें हमारा सूर्य एक सामान्य तारा है। यह सूर्य-तारा (और इसके साथ हमारी पृथ्वी भी) आकाशगंगा के केंद्रभाग में नहीं है। यदि ऐसा होता तो आकाश में हमें कोई पट्टा दिखाई नहीं देता। तब चहुँ ओर हमें तारों का एक-सा फैलाव दिखाई देता।

पर हमारा सूर्य-तारा आकाशगंगा के केंद्रभाग से बहुत दूर उसकी परिधि के पास है और वहाँ से वह अपनी ग्रह-मालिका के साथ आकाशगंगा के केंद्र की परिक्रमा करता रहता है। चूँकि इसी सूर्य-तारे के एक ग्रह पर हमारा निवास है, इसलिए विशाल आकाशगंगा में हमारी या हमारी पृथ्वी

की स्थिति उस चींटी की तरह है जिसकी चर्चा हमने ऊपर की है। इसीलिए आकाशगंगा हमें एक पट्टे की तरह दिखाई देती है।

जब हम आकाश के इस सफेद पट्टे को देखते हैं तो समझ लीजिए कि हम आकाशगंगा के केंद्रभाग की ओर देख रहे हैं। आकाशगंगा के समतल में इसके केंद्रभाग की ओर हम देखते हैं, इसीलिए यह समतल हमें सघन तारों के पट्टे के रूप में दिखाई देता है।

आकाशगंगा के पट्टे के दोनों ओर तारों का घनत्व कम-कम होता जाता है। कारण स्पष्ट है। आकाशगंगा के पहिए के समतल में न देखकर यदि हम इसके ऊपर-नीचे यानी समतल से समकोण बनाती हुई दिशाओं में देखेंगे तो आकाश में कम तारे दिखाई देंगे।

चूँकि हम इस आकाशगंगा के भीतर (दरअसल, इसके एक कोने में) हैं, इसलिए यह हमें ऐसी नज़र आती है। यदि इस आकाशगंगा को बाहर से देखना संभव होता तो यह हमें पहिए के आकार की ही दिखाई देती।

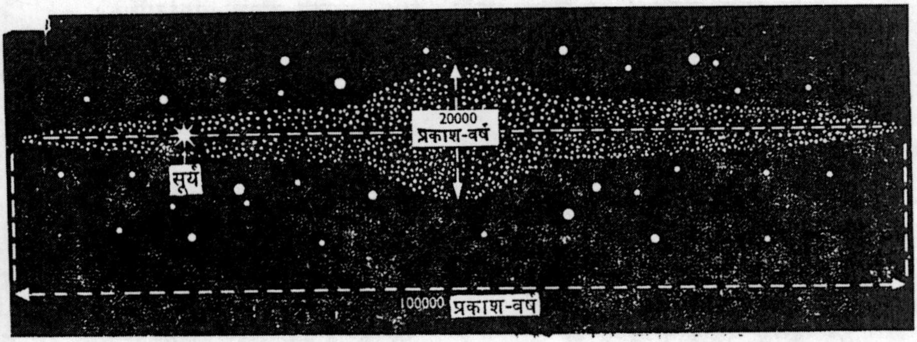

हमारी आकाशगंगा को बाहर जाकर किनारे से देखना संभव हो तो वह ऐसी दिखाई देगी।

इस ब्रह्मांड में और भी बहुत-सी आकाशगंगाएँ हैं। दूरबीन से आज हम इन आकाशगंगाओं को देख सकते हैं। इनके चित्र उतार सकते हैं। इनमें से कई आकाशगंगाएँ हमारी अपनी आकाशगंगा के आकार-प्रकार की हैं। उदाहरण के लिए, सबसे नज़दीक की **देवयानी** आकाशगंगा को लीजिए। यह आकाशगंगा हमसे 20 लाख प्रकाश-वर्ष दूर है। दूरबीन से देखने पर यह देवयानी-आकाशगंगा हमें एक विशाल पहिए की तरह दिखाई देती है। हमारी अपनी आकाशगंगा भी लगभग इसी प्रकार की है।

देवयानी के किसी तारे के किसी ग्रह पर यदि बुद्धिमान प्राणियों का निवास है और वे हमारी आकाशगंगा को अपनी दूरबीनों से देखने में समर्थ हैं, तो उन्हें हमारी आकाशगंगा कुछ-कुछ वैसी ही दिखाई देगी, जैसी कि हमें देवयानी-आकाशगंगा दिखाई देती है।

अंग्रेजी भाषा में इन सभी आकाशगंगाओं के लिए 'गैलेक्सी' और अपनी इस आकाशगंगा के लिए 'मिल्की-वे' (दूध-पथ) शब्द प्रचलित हो गए हैं। दरअसल, यूनानी भाषा के 'गैलेक्सिस' शब्द का अर्थ भी 'दूध' ही है। हम बता चुके हैं कि प्राचीन यूनान के लोग आकाशगंगा को 'दूध का पथ' समझ बैठे थे।

'गैलेक्सी' को हम **'मंदाकिनी'** कहते हैं। वस्तुतः मंदाकिनी का भी अर्थ होता है—आकाश की गंगा! इस प्रकार हम देखते हैं कि आकाशगंगा या मंदाकिनी और 'मिल्की-वे' या 'गैलेक्सी' शब्द भ्रामक हैं। लेकिन ये शब्द अब रूढ़ हो गए हैं।

प्राचीन काल में ज्योतिषियों के स्वरूप के बारे में कोई जानकारी नहीं थी। पहली बार 1609 ई. में **गैलीलियो** ने अपनी दूरबीन से देखा कि आकाशगंगा के पट्टे में बहुत सारे तारे हैं। खगोलविद् **थॉमस राइट** ने पहली बार 1705 ई. में सिद्ध किया कि पट्टे की तरह दिखाई देनेवाली यह आकाशगंगा वस्तुतः लेंस के आकार की एक विशाल तारक-योजना है।

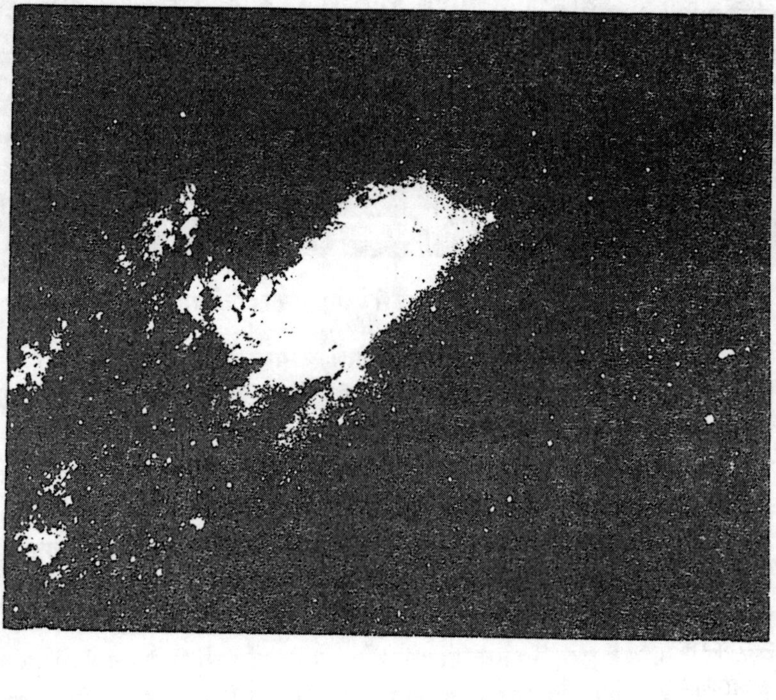

देवयानी मंदाकिनी दूरी : 20 लाख प्रकाश-वर्ष

फिर इंग्लैंड के प्रख्यात खगोलविद् **विलियम हर्शेल** (1738-1822 ई.) ने आकाश में तारों के वितरण का गहराई से अध्ययन करके आकाशगंगा का एक मानचित्र भी तैयार किया। आकाशगंगा के वैज्ञानिक अध्ययन की यह शुरुआत थी।

हर्शेल के बाद पिछले करीब डेढ़ सौ साल में आकाशगंगा के आकार-प्रकार के बारे में बहुत-सी बातें जानी गई हैं। अधिकांश बातों की जानकारी हमें इसी सदी में मिली है। अब हम जानते हैं कि आकाशगंगा कितनी बड़ी है। अब हम जानते हैं कि इस आकाशगंगा में लगभग कितने तारे हैं। आकाशगंगा के लाखों तारों की सूक्ष्म सारणियाँ तैयार हो गई हैं। आकाश के चप्पा-चप्पा भाग के चित्र उतारे गए हैं और तारों के एटलस तैयार किए गए हैं।

अब हमें आकाशगंगा के उन तारों के बारे में जानकारी मिलने लगी है जिन्हें आँखों से या सामान्य दूरबीनों से देखना संभव नहीं है। दूसरे महायुद्ध के बाद खगोल के अध्ययन में **रेडियो-दूरबीन** का इस्तेमाल होने लगा। इस साधन से हमें आकाशगंगा के **रेडियो तारों** के बारे में जानकारी मिली। इसके अतिरिक्त ऐसे तारों की भी खोज हुई है जो मुख्यतः एक्स-किरणों का उत्सर्जन करते हैं।

तारों के वर्गीकरण तथा उनके भौतिक गुणधर्मों के बारे में विस्तृत जानकारी हम आगे देंगे। यहाँ हम मुख्यतः यही जानेंगे कि हमारी यह आकाशगंगा कितनी बड़ी है और इसका स्वरूप कैसा है।

खगोल-विज्ञान में दूरी के लिए प्रयुक्त होनेवाले पैमाने के बारे में हम पहले ही लिख चुके हैं। 3,00,000 किलोमीटर प्रति सेकंड के वेग से प्रकाश की किरणें एक साल में जितनी दूरी तय करती हैं उसे एक प्रकाश-वर्ष कहते हैं।

हमारी इस आकाशगंगा में लगभग 100 अरब तारे हैं। इसी से कुछ अंदाजा लगाया जा सकता है कि यह आकाशगंगा कितनी बड़ी होगी। पहिए के आकार की इस आकाशगंगा का व्यास 1,00,000 प्रकाश-वर्ष है। इसका अर्थ यह हुआ कि प्रकाश की किरणों को इस आकाशगंगा के एक सिरे से दूसरे सिरे तक पहुँचने में एक लाख साल लगते हैं। स्मरण रहे कि सूर्य की किरणें करीब 8 मिनट बाद ही पृथ्वी पर पहुँच जाती हैं। सूर्य हमसे सिर्फ 15 करोड़ किलोमीटर दूर है।

आकाशगंगा पहिए या चकती के आकार की योजना है। केंद्रभाग में इसकी मोटाई अधिक है और वहाँ तारों का घनत्व भी अधिक है। केंद्रभाग में आकाशगंगा की मोटाई 20,000 प्रकाश-वर्ष है और बाहरी भागों में लगभग 3,000 प्रकाश-वर्ष।

हम बता चुके हैं कि हमारा सूर्य-तारा आकाशगंगा के केंद्रभाग में नहीं है। यह आकाशगंगा के केंद्रभाग से करीब 30,000 प्रकाश-वर्ष दूर—किनारे की ओर है।

पुराने ज़माने के धार्मिक मतों की मान्यता थी कि मानव विश्व का सर्वश्रेष्ठ प्राणी है, इसलिए उसका निवास-स्थल—पृथ्वी विश्व के केंद्र में होना चाहिए। परंतु आज हम जानते हैं कि हमारी पृथ्वी सौर-मंडल के केंद्र में नहीं है। और, अब हम यह भी जानते हैं कि हमारा सूर्य-तारा आकाशगंगा के केंद्रभाग में नहीं है। और, हमारी यह आकाशगंगा विशाल ब्रह्मांड की एक सामान्य मंदाकिनी है।

आकाशगंगा का व्यास 1,00,000 प्रकाश-वर्ष है और हमारा सूर्य-तारा आकाशगंगा के केंद्रभाग से करीब 30,000 प्रकाश-वर्ष दूर है, इसलिए स्पष्ट है कि आकाशगंगा के दूरस्थ तारे हमसे लगभग 80,000 प्रकाश-वर्ष दूर हैं। सबसे नज़दीक का तारा (प्रोक्सिमासेंटौरी) हमसे लगभग 4 प्रकाश-वर्ष दूर है।

इस भौतिक विश्व में कोई भी पिंड स्थिर नहीं है। सभी तारे आकाशगंगा के केंद्रभाग की परिक्रमा करते हैं। जिस प्रकार चंद्रमा हमारी पृथ्वी की और हमारी पृथ्वी सूर्य की परिक्रमा करते हैं, उसी प्रकार हमारा सूर्य-तारा भी आकाशगंगा के केंद्र की परिक्रमा करता है।

खगोलविदों का अनुमान है कि सूर्य प्रति सेकंड 220 किलोमीटर के वेग से आकाशगंगा के केंद्र की परिक्रमा कर रहा है। इस गति से आकाशगंगा के केंद्र की एक परिक्रमा पूरी करने में हमारे सूर्य को लगभग 25 करोड़ साल लगते हैं।

प्राणिशास्त्रज्ञ हमें जानकारी देते हैं कि करीब 300 करोड़ साल पहले इस धरती पर प्राथमिक जीवों का प्रादुर्भाव हुआ। फिर करीब 10 करोड़ साल पहले, विकास के अंतर्गत, पृथ्वी पर स्तनपायी प्राणियों ने जन्म लिया। और तब सिर्फ 20 लाख साल पहले, इस धरती पर वानर से मिलता-जुलता आदिम मानव अस्तित्व में आया। अतः स्पष्ट है कि मानव के संपूर्ण अस्तित्व-काल में हमारे सूर्य-तारे ने आकाशगंगा की एक परिक्रमा भी पूरी नहीं की है।

खगोलविदों का मत है कि हमारी पृथ्वी 500 करोड़ साल पहले अस्तित्व में आई थी। इसका अर्थ यह हुआ कि सूर्य के साथ हमारी पृथ्वी ने—पूरे सौरमंडल ने—आकाशगंगा के अब तक सिर्फ 20 चक्कर ही लगाए हैं।

सूर्य-तारे में हमारी पृथ्वी से 3,30,000 गुना अधिक द्रव्यराशि है। सूर्य इतना बड़ा होने पर भी आकाशगंगा का एक सामान्य तारा ही है—एक

मध्यम आकार-प्रकार का तारा। आकाशगंगा के कुछ तारे द्रव्यमान में हमारे सूर्य से छोटे हैं और कुछ ऐसे भी तारे हैं जिनका द्रव्यमान सूर्य के द्रव्यमान से 100 गुना अधिक है।

आकाशगंगा में तारों की संख्या लगभग 100 अरब है। परंतु खगोलविदों का अनुमान है कि आकाशगंगा की संपूर्ण द्रव्यराशि 200 अरब सूर्यों के बराबर है। इसका एक कारण यह है कि आकाशगंगा के कई तारे हमारे सूर्य से बड़े हैं। परंतु मुख्य कारण यह है कि आकाशगंगा में, तारों के बीच रिक्त प्रतीत होनेवाले आकाश में, गैस और धूल के रूप में बहुत सारी द्रव्यराशि बिखरी हुई है।

आज हम जानते हैं कि सभी पदार्थ करीब सौ मूलतत्त्वों से बने हैं। हम यह भी जानते हैं कि जो मूलतत्त्व हमारी धरती पर पाए जाते हैं, वे तारों और मंदाकिनियों में भी मौजूद हैं। विश्व के द्रव्य में हाइड्रोजन व हीलियम-जैसी हल्की गैसों की प्रधानता है। पृथ्वी के वायुमंडल से ये हल्की गैसें काफी पहले उड़ गई हैं, इसलिए पृथ्वी पर आज भारी तत्त्व कुछ अधिक मात्रा में मौजूद हैं। परंतु संपूर्ण ब्रह्मांड—तारों और मंदाकिनियों—पर विचार करें तो स्पष्ट होता है कि विश्व की द्रव्यराशि में हाइड्रोजन की मात्रा सर्वाधिक है।

तारों का द्रव्य जिन परमाणुओं से बना है, उसमें 83.9 प्रतिशत हाइड्रोजन के और 15.9 प्रतिशत हीलियम के परमाणु हैं। शेष तत्त्वों के परमाणुओं की सम्मिलित मात्रा 0.2 प्रतिशत है। हाइड्रोजन तारों का ईंधन है। हाइड्रोजन के परमाणुओं का संगलन होकर जब यह हीलियम में रूपांतरित हो जाता है तो भीषण ऊर्जा (ताप-नाभिकीय ऊर्जा) का उत्सर्जन होता है। हमारे सूर्य तथा अन्य तारों में इसी प्रकार की ऊर्जा पैदा होती है।

हमारी आकाशगंगा के न केवल तारे मुख्यतः हाइड्रोजन से बने हैं बल्कि इन तारों के बीच में भी हाइड्रोजन गैस तथा धूल के बादल हैं। आकाशगंगा के समतल में हाइड्रोजन गैस के अनेक विशाल बादल हैं। इन्हें हम **नीहारिका** (नेबुला) कहते हैं। इनके अलावा धूल के भी बादल हैं, जिन्हें **काली नीहारिका** कहते हैं। ये नीहारिकाएँ तारों के प्रकाश का अवशोषण करती हैं और उन्हें मंदकांति बना देती हैं। इन नीहारिकाओं के बारे में अधिक जानकारी हम आगे देंगे।

आकाशगंगा में तारों का वितरण सब जगह समान नहीं है। आकाशगंगा में कई **तारा-गुच्छ** हैं। इन तारा-गुच्छों में हज़ारों तारे हैं। कुछ तारा-गुच्छ गोलाकार हैं और कुछ खुले हैं। आकाशगंगा में अब तक लगभग 300 गोलाकार तारा-गुच्छों की और करीब डेढ़ हजार खुले तारा-गुच्छों की खोज हुई है। इनमें गोलाकार तारा-गुच्छों के तारे अधिक पुराने हैं। इन तारा-गुच्छों के अलावा आकाशगंगा में करीब 700

तारक-संगठन भी खोजे गए हैं। इन संगठनों के तारे तरुण हैं और खगोलविदों का मत है कि इनका निर्माण अंतर्नक्षत्रीय द्रव्य से हुआ है।

संक्षेप में, ऐसा है हमारी इस आकाशगंगा का स्वरूप। यह विशाल ब्रह्मांड की एक सामान्य मंदाकिनी है। आधुनिक अनुसंधानों से पता चला है कि यह एक सर्पिल मंदाकिनी है।

चंद्रमा हमारी पृथ्वी का उपग्रह है। मंगल के दो उपग्रह हैं, तो ब्रहस्पति के सोलह। इसी प्रकार हमारी आकाशगंगा के समीप दो छोटी मंदाकिनियाँ हैं। खगोलविदों ने इन्हें **मेगल्लानी मेघों** का नाम दिया है। पहली बार 1519-22 ई. में पूरी पृथ्वी की समुद्र-यात्रा करनेवाले साहसी नाविक फर्डिनांड मेगल्लान के नाम पर इन छोटी मंदाकिनियों का नामकरण हुआ है।

दक्षिणी गोलार्द्ध में इन मेगल्लानी मेघों को हम अपनी आँखों से धुँधले प्रकाश-पुंज के रूप में देख सकते हैं। ये हमसे लगभग 1,20,000 प्रकाश-वर्ष दूर हैं। इनमें से बड़े मेगल्लानी मेघ का व्यास 30,000 प्रकाश-वर्ष है और छोटे मेगल्लानी मेघ का व्यास 25,000 प्रकाश-वर्ष। इनमें एक लाख से ऊपर तारे हैं।

इन मेगल्लानी मेघों को हमारी आकाशगंगा की उप-मंदाकिनियाँ माना जाता है। इनके बाहर हमारे सबसे नजदीक की मंदाकिनी **देवयानी** (एंड्रोमेडा) है। देवयानी नक्षत्र-मंडल में धुँधले प्रकाश-पुंज के रूप में इस मंदाकिनी को हम अपनी आँखों से भी देख सकते हैं। देवयानी मंदाकिनी हमसे लगभग 20 लाख प्रकाश-वर्ष दूर है और आकार-प्रकार में यह हमारी आकाशगंगा-जैसी ही है।

हम बता चुके हैं कि विशाल ब्रह्मांड में करोड़ों-अरबों मंदाकिनियाँ हैं। ब्रह्मांड में मंदाकिनियों के समूह भी हैं। हमारी आकाशगंगा ऐसे ही एक समूह की सदस्या है। इस **स्थानीय समूह** में करीब 20 मंदाकिनियाँ हैं। करीब 25 लाख प्रकाश-वर्ष अर्धव्यास के घेरे में ये बीस मंदाकिनियाँ बिखरी हुई हैं। मंदाकिनियों के इस स्थानीय समूह को हम **द्वीप-विश्व** का भी नाम दे सकते हैं। लेकिन स्मरण रहे कि विशाल ब्रह्मांड में यह एक बहुत छोटा और एक सामान्य द्वीप-विश्व है।

आकाश में जितने भी तारे दिखाई देते हैं, वे सभी हमारी आकाशगंगा के तारे हैं। मुख्यतः इन्हीं तारों के बारे में हमें जानकारी प्राप्त करनी है। आज खगोलविद् अन्य मंदाकिनियों के कुछ विशेष तारों का अध्ययन करने में भी समर्थ हैं। यह अध्ययन आकाशगंगा के तारों को समझने में भी सहायक सिद्ध हुआ है। तारों के भौतिक गुणधर्मों के बारे में अधिकांश जानकारी हमें वर्तमान सदी में ही मिली है।

तारों का वर्गीकरण

तारों के बारे में पहला प्रश्न पूछा जाता है—ये हमसे कितनी दूर हैं ? दूसरा प्रश्न होता है—तारे कितने बड़े हैं ?

पुराने जमाने के ज्योतिषी सोचते थे कि सभी तारे हमसे समान दूरी पर हैं। वे सोचते थे कि आकाश के किसी गोल पर तारों के ये 'आकाशदीप' टँगे हुए हैं। कुछ ज्योतिषी यह भी सोचते थे कि आकाश की नीली छत में छेद हैं और इस छत के परे का प्रकाश उन छेदों में से इधर आता है तो वह हमें तारों के रूप में दिखाई देता है।

परंतु आज हम जानते हैं कि तारे प्रज्वलित गैसों के विशाल गोले हैं। हम यह भी जानते हैं कि सभी तारे हमसे समान दूरी पर नहीं हैं। कुछ तारे नजदीक हैं, कुछ बहुत दूर।

तारों की दूरी

मध्ययुगीन यूराप के लोगों के अनुसार विश्व का स्वरूप

पुरातन काल में ही आकाश के अधिक चमकीले तारों को कुछ नक्षत्र-मंडलों में बाँटकर उनमें पशु-पक्षी तथा मानव की विचित्र आकृतियों की कल्पना की गई थी। जैसे, सप्तर्षि-मंडल, मृग नक्षत्र-मंडल, इत्यादि। आज के खगोलविदों ने भी आकाश के समस्त तारों को सुविधा के लिए 88 नक्षत्र-मंडलों में बाँटा है। सुविधा के लिए आज भी आकाश के समस्त तारों को एक काल्पनिक खगोल पर 'स्थित' माना जाता है। परंतु हम जानते हैं

कि आकाश के किसी भी नक्षत्र-मंडल के सारे तारे हमसे समान दूरी पर नहीं हैं।

उदाहरण के लिए, मृग नक्षत्र के आसपास के प्रमुख तारों को लीजिए। मृग नक्षत्र-मंडल के दो प्रमुख तारे, द्वितीय कालपुरुष और आर्द्रा, हमसे क्रमशः 545 तथा 300 प्रकाश-वर्ष दूर हैं। रोहिणी तारा हमसे 60 प्रकाश-वर्ष दूर है। आकाश का सबसे चमकीला व्याध या लुब्धक तारा हमसे सिर्फ 9 प्रकाश-वर्ष दूर है।

आकाश में दिखाई देनेवाले सभी तारे हमारी अपनी आकाशगंगा के तारे हैं। पहिए के आकार की इस आकाशगंगा का व्यास लगभग 1,00,000 प्रकाश-वर्ष है। हमारा सूर्य-तारा (साथ में हमारी पृथ्वी) इस आकाशगंगा के केंद्रभाग से करीब 30,000 प्रकाश-वर्ष दूर है। अतः स्पष्ट है कि आकाशगंगा के अतिदूर के तारे हमसे लगभग 80,000 प्रकाश-वर्ष दूर हैं, भले ही उन्हें देख पाना संभव न हो। विपरीत, आकाशगंगा का सबसे नजदीक का तारा, किन्नर (सेंटौर) मंडल का एक तारा, हमसे सिर्फ 4.3 प्रकाश-वर्ष दूर है। यह दूरी 4,00,00,00,00,00,000 किलोमीटर के बराबर होगी। हमारा सूर्य-तारा हमसे सिर्फ 15 करोड़ किलोमीटर दूर है। प्रकाश के वेग के पैमाने में हम कह सकते हैं कि सूर्य हमसे 8 मिनट और 18 सेकंड दूर है। और, हम बता ही चुके हैं कि आकाशगंगा के अनेक तारे हमसे सैकड़ों तथा हजारों प्रकाश-वर्ष दूर हैं। आकाशगंगा के बाहर की सबसे नजदीक की **देवयानी मंदाकिनी** हमसे 20 लाख प्रकाश-वर्ष दूर है!

द्रव्यमान

तारों की दूरियों का कुछ अंदाज हो जाने पर अब हम देखेंगें कि ये तारे कितने बड़े हैं। सर्वप्रथम सूर्य तारे को ही लीजिए। सूर्य के गैसीय गोले का व्यास करीब 14,00,000 किलोमीटर है, यानी पृथ्वी के व्यास से 109 गुना अधिक। सूर्य का आयतन पृथ्वी के आयतन से 13 लाख गुना अधिक है। इतना बड़ा है हमारा यह सूर्य तारा! परंतु आकाशगंगा के अन्य अनेक तारों की तुलना में यह सूर्य एक सामान्य तारा ही है।

आकाशगंगा के कुछ तारे हमारे सूर्य से सैकड़ों गुना बड़े हैं। उदाहरण के लिए वृश्चिक राशि का लाल रंग का **ज्येष्ठा** तारा हमारे सूर्य से करीब 300 गुना बड़ा है। हमारे सूर्य के स्थान पर यदि इस ज्येष्ठा तारे को रखा जाए, तो इसके उदर में न केवल हमारी पृथ्वी की कक्षा, बल्कि मंगल ग्रह की पूरी कक्षा भी समा जाएगी। स्मरण रहे कि मंगल ग्रह 23 करोड़ किलोमीटर की दूरी से सूर्य की परिक्रमा करता है।

मृग नक्षत्र-मंडल का **आर्द्रा** तारा भी लगभग इतना ही बड़ा है। आर्द्रा

और ज्येष्ठा -जैसे तारों को **महादानव** तारों का नाम दिया गया है। आकाशगंगा में ऐसे भी अनेक तारे हैं जो हमारे सूर्य से छोटे हैं। बहुत-से तारे हमारी पृथ्वी या बुध ग्रह के आकार के भी हैं। आधुनिक ज्योतिष में ऐसे तारों को **बौने तारे** या **श्वेत वामन तारे** कहा जाता है। श्वेत वामन तारे आकार में भले ही छोटे होते हों, परंतु उनमें लगभग उतना ही द्रव्य होता है जितना कि सूर्य में है। श्वेत वामन तारों का द्रव्य अत्यंत सघन स्थिति में होता है।

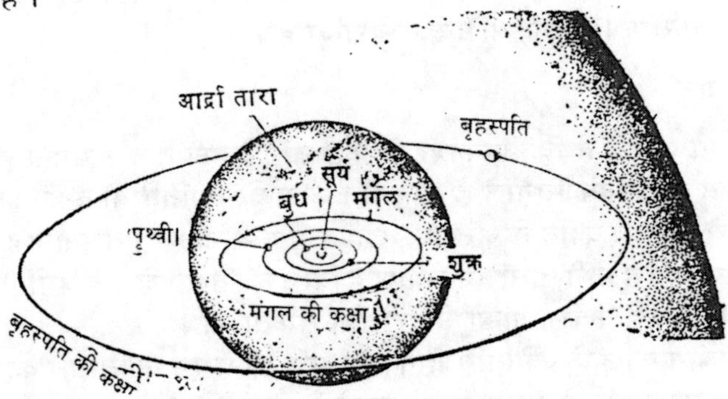

मृग नक्षत्र-मडल का आर्द्रा तारा इतना बड़ा है कि उसके उदर में मंगल की पूरी कक्षा समा जा सकती है। कुछ ऐसे भी तारे (सैफियरी चरकांति तारे) हैं जिनका व्यास बृहस्पति की कक्षा के व्यास (करीब 155 करोड़ किलोमीटर) से भी अधिक है।

दरअसल, द्रव्यमान की दृष्टि से तारों में बहुत बड़ा अंतर नहीं है। पानी का घनत्व हम 1 ग्राम प्रति घन सें. मी. मानते हैं। हमारी पृथ्वी की द्रव्यराशि का औसत घनत्व पानी से 5.5 गुना है। सूर्य की द्रव्यराशि का औसत घनत्व 1.4 है। लेकिन इसका यह अर्थ नहीं है कि सूर्य की द्रव्यराशि पानी की तरह तरल स्थिति में है। घनत्व चाहे जो भी रहे, सभी तारों की द्रव्यराशि एक विशेष गैसीय स्थिति में ही रहती है। ऐसी विशेष गैसीय स्थिति को हम **प्लाज्मा** कहते हैं।

आर्द्रा तारा हमारे सूर्य से करीब 300 गुना बड़ा है, परंतु इसकी द्रव्यराशि का औसत घनत्व पानी के घनत्व से करीब एक लाख गुना कम है। अतः आकार-प्रकार में यह तारा महादानव भले ही हो, परंतु द्रव्यराशि की दृष्टि से यह बहुत बड़ा नहीं है। दूसरे महादानव तारों का भी यही हाल है।

दूसरी ओर, श्वेत वामन या बौने तारों की द्रव्यराशि का घनत्व बहुत ही अधिक होता है। ये तारे लगभग हमारी पृथ्वी के आकार के होते हैं, परंतु

इनकी द्रव्यराशि का घनत्व पानी के घनत्व से लाखों गुना अधिक होता है। ऐसे सघन तारों का एक घन सेंटीमीटर द्रव्य सैकड़ों टन भार का होगा।

सारांश यह कि, आकाशगंगा के तारों में द्रव्यमान की दृष्टि से बहुत बड़ा अंतर नहीं है। आकाशगंगा के कुछ तारों में सूर्य से 100 गुना अधिक द्रव्यराशि है और कुछ तारे पाँच गुना हल्के हैं, परंतु अधिकांश तारों की द्रव्यराशि सूर्य की द्रव्यराशि के तुल्य ही है। संक्षेप में हम कह सकते हैं कि आकाशगंगा के सर्वाधिक द्रव्यमान वाले तारों में न्यूनतम द्रव्यमानवाले तारों से करीब 10 गुना अधिक द्रव्यराशि है।

कांतिमान

हम सभी जानते हैं कि आकाश के कुछ तारे काफी तेज चमकते हैं और बहुत-से तारे मंदकांतिवाले हैं। प्राचीन काल के ज्योतिषियों ने आकाश के तारों को, उनकी कांति के अनुसार, छह वर्गों में बाँटा था। तब तक दूरबीन की खोज नहीं हुई थी, इसलिए जाहिर है कि उन्हीं तारों को छह वर्गों में बाँटा गया था, जिन्हें केवल आँखों से देखा जा सकता था।

प्राचीन काल के ज्योतिषियों ने उन तारों को प्रथम कांतिमान का माना था, जो सायंकाल के समय सबसे पहले दिखाई देते हैं। तदनंतर क्रमशः दूसरे, तीसरे, चौथे और पाँचवें कांतिमान के तारे दिखाई देते हैं। अंत में, आँखों से दिखाई देनेवाले सबसे मंद-कांति तारे छठे कांतिमान के माने जाते हैं।

लेकिन तारों के कांतिमान का यह वर्गीकरण स्पष्ट नहीं था। अतः बाद के ज्योतिषियों ने यह मान लिया कि आकाश के सबसे चमकीले तारे, आँख से दिखाई देनेवाले सबसे मंदकांति तारों से 100 गुना चमकीले हैं। इस मान्यता के आधार पर, पाँचवें कांतिमान का तारा छठे कांतिमान के तारे से ढाई गुना अधिक चमकीला होता है। चौथे कांतिमान का तारा, पाँचवें कांतिमान के तारे से ढाई गुना चमकीला होता है। और, यह सिलसिला बना रहता है। सातवें कांतिमान का तारा. छठे कांतिमान के तारे से ढाई गुना मंदकांति होगा।

अतः कांतिमान एक संख्या है। हम बता चुके हैं कि आँखों से आकाश के एक गोलार्द्ध में अधिक-से-अधिक 3000 तारे ही देखे जा सकते हैं। अतः स्पष्ट है कि आकाश के एक गोलार्द्ध में छठे कांतिमान तक के तारों की संख्या तीन हजार से अधिक नहीं है। आकाश में प्रथम कांतिमान के तारे करीब 20 ही हैं।

दरअसल, आकाश में ठीक 1 कांतिमान का कोई तारा नहीं है। 0 से 1.3 कांतिमान तक के आकाश में 18 तारे हैं, परंतु इनमें से किसी भी तारे का

कांतिमान ठीक 1 नहीं है। **रोहिणी** तारे का कांतिमान 1.1 है। **अभिजित्** तारे का कांतिमान 0.1 है। इसका अर्थ यह हुआ कि अभिजित् तारा रोहिणी तारे से ढाई गुना अधिक चमकीला दिखाई देता है।

जो तारे प्रथम कांतिमान के तारे से ढाई गुना अधिक चमकीले होते हैं, उन्हें हम **शून्य कांतिमान** के तारे कहते हैं। हमने देखा है कि अभिजित् तारा लगभग शून्य कांतिमान का तारा है। यदि कोई तारा शून्य कांतिमान के तारे से भी अधिक चमकीला है तो उसे ऋणात्मक मान देंगे। आकाश में ऐसे दो तारे हैं, जो शून्य कांतिमानवाले तारों से अधिक चमकीले हैं। ये हैं—व्याध और अगस्त्य। **अगस्त्य** का कांतिमान—0.9 है और **व्याध** का—1.6। व्याध आकाश का सबसे चमकीला तारा है। यह तारा प्रथम कांतिमान के तारे से 11 गुना अधिक चमकीला है।

हमें सूर्य तथा ग्रह-उपग्रहों के कांतिमान भी ज्ञात हैं। पूर्णिमा के चंद्र का कांतिमान—12.6 होता है और सूर्य का कांतिमान—26.8 है। अतः गणना करने से पता चलता है कि सूर्य की कांति पूर्णिमा के चंद्र की कांति से करीब 4,47,000 गुना अधिक होती है। व्याध तारे से हमारा सूर्य 10 अरब गुना अधिक चमकीला दिखाई देता है।

पहले हम बता चुके हैं कि हमारी आँखें आकाश में छठे कांतिमान तक के तारे देखने में ही समर्थ हैं। लेकिन आकाश में अरबों तारे हैं, जिन्हें अधिकाधिक शक्तिशाली दूरबीनों से ही देख पाना संभव है।

अमरीका के पालोमर पर्वत पर स्थित वेधशाला की 200 इंच व्यास के दर्पणवाली दूरबीन 22वें कांतिमान के तारों को देखने में समर्थ है। इस दूरबीन की आँख (दर्पण) हमारी आँख से करीब दस लाख गुना अधिक शक्तिशाली है। यह दूरबीन 450 करोड़ प्रकाश-वर्ष दूर की मंदाकिनियों को देखने में समर्थ है।

सन् 1971 ई. में सोवियत रूस के काकेशस पर्वत-प्रदेश में लगभग सात हजार फुट की ऊँचाई पर झेलेनचुस्कया वेधशाला में 238 इंच व्यास के दर्पणवाली एक दूरबीन स्थापित की गई है। अब संसार की यही सबसे बड़ी दूरबीन है। यह दूरबीन 23वें, और संभवतः 24वें भी, कांतिमान की ज्योतियों को देखने में समर्थ है। इसका अर्थ यह हुआ कि इस दूरबीन से प्रथम कांतिमान से करीब 10 अरब गुना मंदकांति ज्योतियों को देखा जा सकता है। इस दूरबीन की आँख हमारी आँख से करीब 30 लाख गुना अधिक शक्तिशाली है।

अब तक हमने तारों के दृष्ट कांतिमान पर ही विचार किया है। कोई भी ज्योति हमें अपनी आँखों से या दूरबीन से जैसी दिखाई देती है, उसे **दृष्ट कांतिमान** कहते हैं। पर आकाश की ज्योतियाँ हमसे समान दूरी पर नहीं हैं,

इसलिए उनके दृष्ट कांतिमान से हमें उनके वास्तविक या **निरपेक्ष कांतिमान** का अंदाजा नहीं हो सकता।

पुराने जमाने के कुछ ज्योतिषी सोचते थे कि चमकीले तारे हमसे नजदीक हैं और मंदकांति तारे अधिक दूर हैं। लेकिन बात ऐसी नहीं है। सूर्य-तारा हमसे करीब 15 करोड़ किलोमीटर दूर है। प्रकाश के वेग के पैमाने में कहें तो यह हमसे 8 मिनट और 18 सेकंड दूर है। दूसरी ओर, व्याध तारा हमसे करीब 9 प्रकाश-वर्ष दूर है। हम यह भी बता चुके हैं कि सूर्य का दृष्ट कांतिमान –26.8 है और व्याध का दृष्ट कांतिमान –1.6 है, यानी सूर्य तारा हमें व्याध से 10 अरब गुना अधिक चमकीला दिखाई देता है।

लेकिन सूर्य तारे को भी व्याध की तरह 9 प्रकाश-वर्ष की दूरी पर रखा जाए, तो इन दोनों तारों में हमें कौन-सा तारा अधिक चमकीला दिखाई देगा ? तब हमें इन तारों के वास्तविक या **निरपेक्ष कांतिमान** ज्ञात होंगे। तारों के निरपेक्ष कांतिमान आसानी से ज्ञात किए जा सकते हैं।

इसके लिए खगोलविद् मान लेते हैं कि वह तारा 10 पारसेक की दूरी पर है। एक पारसेक 3.26 प्रकाश-वर्ष के बराबर होता है; अर्थात् 10 पारसेक का अर्थ है 32.6 प्रकाश-वर्ष। 10 पारसेक दूरी लगभग 3,08,000 अरब किलोमीटर के बराबर होती है !

हम जानते हैं कि किसी भी ज्योति की कांति उसकी दूरी के वर्ग के व्युत्क्रम अनुपात में होती है। अतः यदि किसी तारे की दूरी हमें मालूम है, तो हम गणन कर सकते हैं कि 10 पारसेक की दूरी पर उसकी कांति कितनी होगी। 10 पारसेक की मानक दूरी की कांति को ही **निरपेक्ष कांति** कहते हैं।

सूर्य तारे को यदि 10 पारसेक की दूरी पर स्थापित किया जाए, तो उसका कांतिमान होगा + 4.8 और व्याध तारे को भी उतनी ही दूरी पर स्थापित किया जाए तो उसका कांतिमान होगा + 1.3।

इन आँकड़ों से स्पष्ट होता है कि सूर्य-तारा और व्याध तारा, दोनों को यदि 10 पारसेक की दूरी पर रखा जाए, तो व्याध तारा हमें अधिक चमकीला दिखाई देगा। सूर्य का निरपेक्ष कांतिमान 4.8 है और व्याध का 1.3। इस प्रकार, वस्तुतः व्याध तारा सूर्य से 25 गुना अधिक चमकीला है।

एक और उदाहरण लीजिए। रोहिणी का तारा हमसे लगभग 20 पारसेक दूर है और इसका दृष्ट कांतिमान 1.1 है। इस तारे को यदि 10 पारसेक की दूरी पर स्थापित किया जाए तो इसका कांतिमान होगा 0.5। उतनी दूरी पर हमारा सूर्य-तारा रोहिणी तारे से लगभग सौ गुना फीका नजर आएगा। मृग नक्षत्र-मंडल का द्वितीय कालपुरुष (राइगेल) तारा हमसे

545 प्रकाश-वर्ष दूर है और इसका दृष्ट कांतिमान 0.3 है; परंतु 10 पारसेक की दूरी पर यह तारा, उतनी ही दूरी पर स्थित सूर्य-तारे से, 21 हजार गुना अधिक चमकीला दिखाई देगा।

अतः खगोल-विज्ञान में इस निरपेक्ष कांतिमान का महत्त्व स्पष्ट है। खगोलविद् हमें जानकारी देते हैं कि आकाश में एक ओर सूर्य से बीस हजार गुना कांतिवाले तारे हैं, तो दूसरी तरफ 20 हजार गुना मंदकांतिवाले तारे भी हैं। मेगल्लानी मेघ का **एसदोरदु** नामक तारा तो हमारे सूर्य से करीब 4 लाख गुना अधिक कांति (निरपेक्ष कांतिमान) वाला है। सारांश यह कि, कांतिमान की दृष्टि से भी हमारा सूर्य आकाश का एक सामान्य तारा है।

सामान्यतः दानव या महादानव तारे ऊँची कांति वाले होते हैं और बौने तारे मंदकांतिवाले होते हैं।

रंग और तापमान

तारों के द्रव्यमान, कांतिमान तथा आयतन के बारे में जानकारी प्राप्त करने के बाद हमें तारों के रंग या उनके तापमान के बारे में जानना है। सभी जानते हैं कि कुछ तारे लाल रंग के, कुछ नीले-सफेद रंग के और बहुत-से तारे सफेद रंग के दिखाई देते हैं। उदाहरणार्थ, व्याध नीले-सफेद रंग का तारा है, ब्रह्महृदय (कैपेल्ला) पीले-सफेद रंग का तारा है और रोहिणी तथा आर्द्रा लाल रंग के तारे हैं।

तारों के रंग से उनके कम-अधिक तापमान का कुछ अंदाजा लगाया जा सकता है। नीले या पीले-सफेद रंग के तारों का तापमान ऊँचा होता है और लाल रंग के तारों का तापमान कम होता है।

यह हुई प्रत्यक्ष अवलोकन पर आधारित सामान्य जानकारी। लेकिन आज के खगोलविद् सिर्फ आँखों के अवलोकन पर आश्रित नहीं हैं। प्रत्यक्ष अवलोकन से हमें तारों की कांति तथा रंगों के बारे में सही जानकारी नहीं मिल सकती। तारों के उतारे हुए चित्रों से या फोटोसेल से हमें कांतिमान के बारे में अधिक सूक्ष्म जानकारी मिलती है। इसी प्रकार, तारों के विविध गुणधर्मों के बारे में हमें सर्वाधिक जानकारी मिलती है तारों के वर्णक्रमों से।

हम जानते हैं, सूर्य के प्रकाश को यदि किसी प्रिज्म से गुजारा जाए तो इंद्रधनुष-जैसा सात रंगों का एक पट्टा प्राप्त होता है। इसी प्रकार, तारों के प्रकाश को यदि प्रिज्म से गुजारा जाए तो हमें रंगों का एक पट्टा प्राप्त होता है। इसी पट्टे को **वर्णक्रम** कहते हैं।

वर्णक्रम में चमकीली या काली रेखाएँ होती हैं। लेकिन यही रेखाएँ तारों के भौतिक गुणधर्मों की भाषा होती हैं। वर्णक्रम की इस भाषा का सूक्ष्म अध्ययन करके तारों के वायुमंडलों की रचना, उनके तापमान, वेग आदि

अनेक बातों के बारे में जानकारी प्राप्त की जाती है।

प्रयोगशाला में हस्तगत वस्तुओं के भौतिक गुणधर्मों के बारे में प्रत्यक्ष जानकारी प्राप्त करना सरल है। परंतु तारों के बारे में वैसा संभव नहीं है। हम तारों के पास पहुँच नहीं सकते, न ही तारों के द्रव्य को धरती पर लाया जा सकता है। किंतु तारे स्वयं अपनी प्रयोगशालाएँ हैं और विकिरण के रूप में यह जानकारी वे हम तक पहुँचाते रहते हैं। इसी विकिरण का अध्ययन करके हम तारों के भौतिक गुणधर्मों के बारे में जानकारी प्राप्त कर सकते हैं। सबसे अधिक जानकारी हमें इसी विकिरण के वर्णक्रम से मिलती है।

तारों के वर्णक्रमों के अध्ययन के आधार पर खगोलविदों ने तारों को कुछ वर्गों या समूहों में बाँटा है। ये तारक-वर्ग तारों के कम-अधिक तापमान के द्योतक हैं। वर्णक्रमों के आधार पर तारों का ऐसा वर्गीकरण वर्तमान सदी की शुरुआत से संभव हुआ और तभी से हमें तारों के भौतिक गुणधर्मों के बारे में ठोस जानकारी मिलने लगी है।

खगोलविदों ने तारों को कुछ वर्गों में बाँटकर उन्हें, O, B, A, F, G, K, M जैसे नाम दिए हैं। ये रोमन अक्षर क्रमशः बढ़ते तापमान के द्योतक हैं। आकाश के अधिकांश तारों को इन चंद वर्गों में रखा जा सकता है। O वर्ग के तारों का सतह-तापमान सबसे अधिक होता है। ऐसे तारों का सतह-तापमान 25,000^0 सेंटीग्रेड से अधिक होता है। इस वर्ग के तारे नीले रंग के होते हैं।

B वर्ग के तारों का सतह-तापमान 15,000^0 से 25,000^0 सें. के बीच रहता है और ये नीले-सफेद रंग के होते हैं। कन्या नक्षत्र-मंडल का चित्रा तारा और मृग नक्षत्र-मंडल के कई तारे इसी वर्ग के हैं।

A वर्ग के तारों का सतह-तापमान 11,000^0 सें. के आसपास होता है। और ये सफेद रंग के तारे हैं। व्याध और अभिजित् तारे इसी वर्ग के हैं।

F वर्ग के तारे फीके पीले या सफेद-पीले रंग के होते हैं और इनका सतह-तापमान 7500^0 सें. के आसपास होता है। वर्तमान ध्रुवतारा इसी वर्ग का है।

G वर्ग के तारे पीले रंग के होते हैं और इनका सतह-तापमान 6000^0 सें. के आसपास होता है। हमारा सूर्य इसी वर्ग का तारा है।

K वर्ग के तारे नारंगी रंग के होते हैं और इनका सतह-तापमान 4500^0 सें. होता है। रोहिणी और स्वाति इसी वर्ग के तारे हैं।

M वर्ग के तारे लाल रंग के होते हैं। इनका सतह-तापमान 3500^0 सें. के आसपास होता है। आर्द्रा और ज्येष्ठा नक्षत्र इसी वर्ग के हैं। आकाश में ये दोनों तारे हमें लाल रंग के दिखाई देते हैं। आर्द्रा तारा मृग-मंडल में है और ज्येष्ठा वृश्चिक-मंडल (राशि) में।

आकाशगंगा में इनसे भी कम सतह-तापमानवाले तारे हैं। जैसे, N वर्ग के तारों का सतह-तापमान 3000° सें. से भी कम रहता है। कुछ साल पहले ऐसे भी 'शीतल' तारे खोजे गए हैं जिनका सतह-तापमान 800° सें. के आसपास है।

दूसरी ओर, आकाशगंगा में कुछ ऐसे भी तारे हैं जिनका सतह-तापमान 1,00,000° से. तक है। ऐसे तारों को, इनके खोजकर्ताओं के नाम पर, **वुल्फ-रेयत तारे** कहते हैं।

आकाशगंगा के अधिकांश तारों को उपयुर्क्त सात या आठ वर्णक्रम-वर्गों में बाँटा जा सकता है। सूक्ष्मता के लिए इनमें से प्रत्येक वर्ग को पुनः दस उपवर्गों में बाँटा गया है। इन उपवर्गों को 1, 2, 3, 4, 5,... जैसी संख्याओं से व्यक्त किया जाता है और इन अंकों को वर्गाक्षरों के दाईं ओर रखा जाता है। जैसे, हमारा सूर्य G2 वर्ग का तारा है।

उपर्युक्त विवेचन से स्पष्ट हो जाता है कि तारों के अध्ययन में इस प्रकार के वर्गीकरण का कितना बड़ा महत्त्व है। इस संदर्भ में यह स्मरण रखना जरूरी है कि तारों के वर्णक्रमों के आधार पर उनका इस प्रकार का वर्गीकरण सर्वप्रथम 1900 ई. के आसपास ही संभव हुआ है।

वर्णक्रमों-वर्गों तथा निरपेक्ष कांतिमानों का संबंध

अब तक हमने तारों के द्रव्यमान, कांति, आयतन तथा वर्णक्रम-वर्गों पर विचार किया है। हमने यह भी देखा है कि वर्णक्रम-वर्गों से हमें तारों के रंग अथवा तापमान की स्पष्ट जानकारी मिल जाती है। अब हमें यह देखना है कि तारों की इन विविध विशेषताओं में परस्पर किस प्रकार का संबंध है।

जैसे, ग्राफ खींचकर हम यह जान सकते हैं कि द्रव्यमान और कांतिमान में किस प्रकार का संबंध है या तारों के द्रव्यमान और उनके अर्धव्यासों में किस प्रकार का संबंध है। लेकिन कांतिमान और तापमान के संबंध का ग्राफ बड़े महत्त्व का है, इसलिए हम उसी पर विचार करेंगे। चूँकि वर्णक्रम-वर्गों से तापमान का सीधा संबंध है, इसलिए हमें यही देखना है कि वर्णक्रम-वर्गों और निरपेक्ष कांतिमान के बीच किस प्रकार का संबंध है।

सबसे पहले हम एक आड़ी लकीर लेते हैं और इस पर समान अंतर से, बाएँ से दाएँ बढ़ते क्रम में, वर्णक्रम-वर्गों को दर्शाते हैं। फिर इस रेखा के बाएँ सिरे पर एक खड़ी रेखा खींचते हैं। इस खड़ी रेखा पर, नीचे से ऊपर, क्रमशः बढ़ते क्रम में, निरपेक्ष कांतिमान के अंक रखते हैं। इस प्रकार एक ग्राफ तैयार हो जाता है।

अब हम एक-एक तारे को लेते हैं। पहले आड़ी रेखा पर हम उसके वर्णक्रम-वर्ग का बिंदु निर्धारित करते हैं और तदनंतर उस बिंदु के ऊपर,

खड़ी रेखा के समांतर, उस तारे के निरपेक्ष कांतिमान का बिंदु निर्धारित करते हैं। उदाहरणार्थ, हमारे सूर्य तारे का वर्णक्रम-वर्ग G2 है और निरपेक्ष कांतिमान + 4.7 है। अतः पहले आड़ी रेखा पर, G के थोड़ी दाईं ओर, हम सूर्य के वर्णक्रम-वर्ग का बिंदु निर्धारित करते हैं। तदनंतर इसी बिंदु के ठीक ऊपर, खड़ी रेखा के + 4.7 के बिंदु के समांतर, सूर्य के निरपेक्ष कांतिमान के लिए स्थान निर्धारित करते हैं। इस प्रकार अंत में जो बिंदु निर्धारित होता है वह वर्णक्रम-वर्ग तथा निरपेक्ष कांतिमान दोनों का द्योतक होता है।

ऊपर हमने सरल भाषा में समझाया है कि किस प्रकार ग्राफ तैयार किया जाता है।

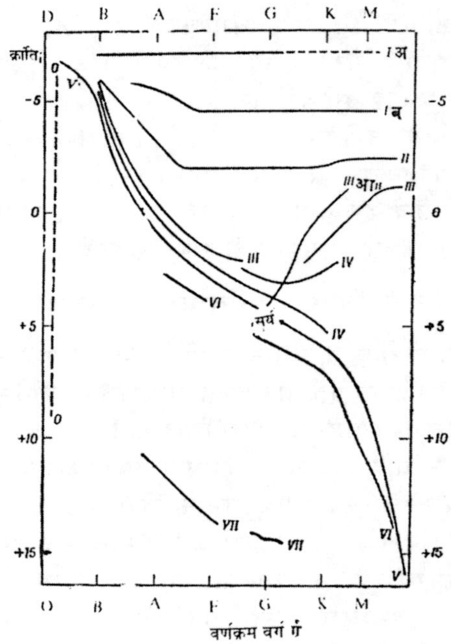

वर्णक्रम तथा निरपेक्ष कांतिमान के परस्पर संबंध के आलेख में तारों के क्रम

(I अ) – चमकीले महादानव तारों का क्रम *(I ब) – मंदकांति महादानव तारे*

(II अ) – चमकीले दानव तारे *(III) – मंदकांति दानव तारे*

(III आ II)– आकाशगंगा के आबादी-2 के तारे *(IV) – निम्न-दानव तारे*

(V) – प्रमुख क्रम के तारे *(VI) – चमकीले निम्न-वामन तारों का क्रम*

(VII) – निम्न-वामन (श्वेत-वामन) तारे *(O-O) – श्वेत-नील क्रम*

सूर्य तारे की तरह अन्य ज्ञात तारों की स्थितियाँ उपर्युक्त ग्राफ में निर्धारित करने के बाद जो चित्र बनता है, उसका अध्ययन करने से हमें तारों के बारे में बड़ी महत्त्व की जानकारी मिलती है । इस चित्र में हम देखते हैं कि अधिकांश तारों का स्थान बीच के एक आड़े पट्टे में है । यह पट्टा ऊपर बाईं ओर से नीचे दाईं ओर तक फैला हुआ है । इस पट्टे को **प्रमुख क्रम** का नाम दिया गया है । हमारा सूर्य तारा इसी प्रमुख क्रम में है ।

लेकिन इस आकृति में हम देखते हैं कि कई तारे इस प्रमुख क्रम के दाईं ओर ऊपर और बाईं ओर नीचे भी हैं । दाईं ओर सबसे ऊपर तारों का जो समूह है उनका कांतिमान सर्वाधिक है । ये **महादानव** तारे हैं । उनके थोड़े नीचे **लाल दानव** तारों का समूह है ।

पहले हम बता चुके हैं कि ये दानव तारे बहुत बड़े होते हैं और इसीलिए ये उच्चकांतिवाले होते हैं । परंतु आकृति को देखने से स्पष्ट होता है कि इनका तापमान बहुत ऊँचा नहीं होता ।

प्रमुख क्रम के बाईं ओर नीचे भी तारों का एक समूह है । ये **वामन** या **बौने** तारे हैं । इन्हें **श्वेत वामन** तारे कहते हैं । पहले हम बता चुके हैं कि ये श्वेत वामन तारे मंदकांतिवाले और आकार में काफी छोटे होते हैं । दरअसल, इन बौने तारों की द्रव्यराशि का घनत्व बहुत अधिक होता है । इतना अधिक कि ऐसे तारों के चम्मच-भर द्रव्य का भार कई टन होगा !

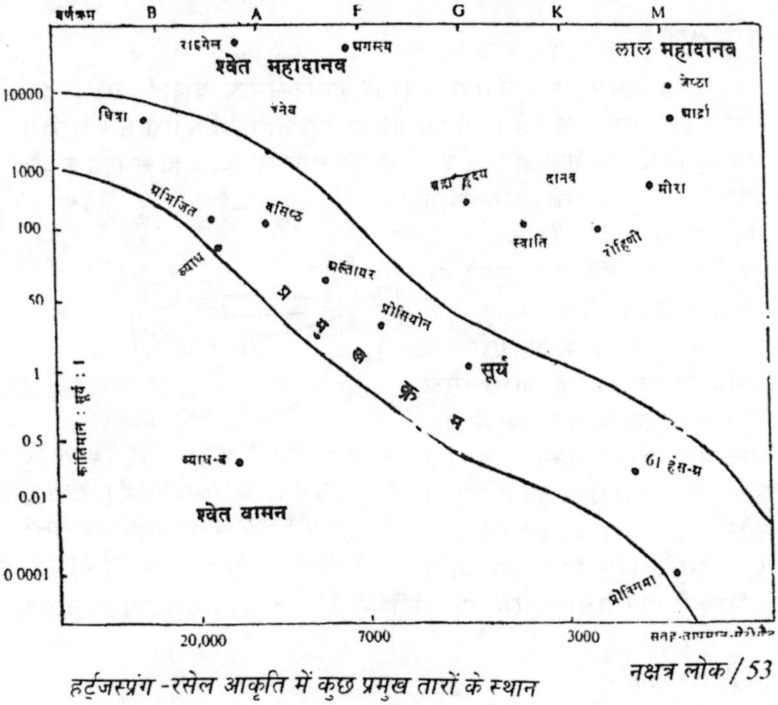

हर्ट्‌जस्प्रंग -रसेल आकृति में कुछ प्रमुख तारों के स्थान

इसमें आश्चर्य की कोई बात नहीं है। हम जानते हैं कि धरती पर जो वस्तुएँ हैं उनके घटक अणु-परमाणु हैं। परंतु हम यह भी जानते हैं कि परमाणु के भीतर नाभिक और इसकी परिक्रमा करनेवाले इलेक्ट्रोनों के बीच बहुत सारी रिक्त जगह रहती है। बौने तारों में, अत्यधिक दाब के कारण, परमाणु भिच जाते हैं, और उनके बीच का रिक्त स्थान कम होकर अत्यंत सघन द्रव्य तैयार हो जाता है। बौने तारों का द्रव्य ऐसी ही सघन स्थिति में है।

अभी कुछ साल पहले नए किस्म की ज्योतियों की खोज हुई है। इन्हें **पल्सर या न्यूट्रोन तारे** कहते हैं। खगोलविद् हमें जानकारी देते हैं कि इनका द्रव्य और भी अधिक सघन अवस्था में है।

उपर्युक्त विवेचन से स्पष्ट होता है कि कांतिमान और वर्णक्रम वर्गों के परस्पर संबंधों के इस चित्र से हमें तारों के बारे में बड़ी विस्तृत जानकारी मिलती है। यह भी जानकारी मिलती है कि आकाशगंगा में तारों का वितरण मनमाना नहीं बल्कि कुछ सिलसिलेवार है। आगे हम देखेंगे कि इस चित्र से हमें तारों के विकास-क्रम के बारे में भी जानकारी मिलती है। खगोल-विज्ञान में यह चित्र **हर्ट्जस्प्रंग-रसेल चित्र** के नाम से प्रसिद्ध है, क्योंकि हर्ट्जस्प्रंग और रसेल नामक खगोलविदों ने, वर्तमान सदी के दूसरे दशक में, इस चित्र को निर्धारित किया था।

युग्म तारे

आकाश के अनेक तारे हमें एक-दूसरे के काफी समीप दिखाई देते हैं। इन्हें हम जुड़वाँ तारे कहते हैं। लेकिन यह जरूरी नहीं है कि ऐसे तारे वस्तुतः एक-दूसरे के नजदीक ही हों। इनमें से एक तारा नजदीक हो सकता है और दूसरा बहुत दूर। इन्हें हम लगभग एक दृष्टि-रेखा में देखते हैं, इसीलिए ये हमें एक-दूसरे के नजदीक दिखाई देते हैं।

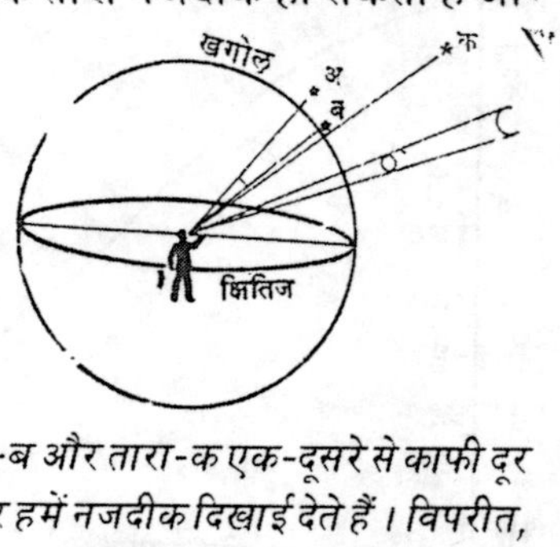

तारा-ब और तारा-क एक-दूसरे से काफी दूर हैं, पर हमें नजदीक दिखाई देते हैं। विपरीत, तारा-अ और तारा-ब अपेक्षाकृत एक-दसरे के नजदीक हैं, पर हमें दूर दिखाई देते हैं।

परंतु आकाश में ऐसे भी अनेक जुड़वां तारे हैं जो सचमुच ही एक- दूसरे के नजदीक हैं और एक-दूसरे की परिक्रमा करते रहते हैं। ऐसे जुडवां तारों को हम **युग्म तारे** कहते हैं। आकाशगंगा में ऐसे युग्म तारों की संख्या बहुत अधिक है। खगोलविद् हमें जानकारी देते हैं कि आकाशगंगा का हर तीसरा

तारा एक युग्म तारा है।

खगोल-विज्ञान में इन युग्म तारों का बड़ा महत्त्व है। गुरुत्वाकर्षण के कारण ये एक-दूसरे की परिक्रमा करते हैं। इनकी गतियों को निर्धारित करने के बाद बड़ी आसानी से इनके द्रव्यमान मालूम किए जा सकते हैं। मुख्यत: इसी विधि से तारों के द्रव्यमान मालूम किए गए हैं।

ये युग्म तारे यदि एक-दूसरे से कुछ अधिक दूर हैं तो इनकी गतियों एवं कक्षाओं को आसानी से निर्धारित किया जा सकता है। लेकिन यदि ये एक-दूसरे के काफी नजदीक हैं, तो भी इनके वर्णक्रमों से इनकी कक्षाएँ निर्धारित की जा सकती हैं। एक तारे के चहुँओर परिक्रमा करनेवाला दूसरा तारा क्रमशः नजदीक आता और दूर जाता दिखाई देगा। वर्णक्रम से हमें जानकारी मिल जाती है कि कौन-सा तारा नजदीक आ रहा है और कौन-सा दूर जा रहा है।

कभी-कभी तीन, चार या इससे भी अधिक तारे एक-दूसरे की परिक्रमा करते हैं। एक-दूसरे की परिक्रमा करनेवाले ऐसे जुड़वां तारों का एक बढ़िया उदाहरण है सप्तर्षि-मंडल में **वसिष्ठ** और उसके समीप के तारे।

सप्तर्षि-मंडल के सात प्रमुख तारे हैंडलवाले एक उलटे बर्तन-जैसी आकृति बनाते हैं। इस हैंडल के तीन तारों में बीच का जो तारा है, उसे हम **वसिष्ठ** तारे के नाम से जानते हैं। इस वसिष्ठ तारे के समीप एक धुँधला-सा तारा है, जिसे हम **अरुंधती** का तारा कहते हैं। अरुंधती तारा पाँचवें कांतिमान का है, इसलिए हम इसे अपनी आँखों से देख सकते हैं। विवाह के अवसरों पर वधू को अक्सर यह तारा दिखाया जाता है, जिसका मतलब होता है कि वसिष्ठ-अरुंधती की तरह नवविवाहित पति-पत्नी की जोड़ी चिरस्थायी बनी रहे। हमारे आख्यानों के अनुसार, अरुंधती वसिष्ठ की पत्नी थी।

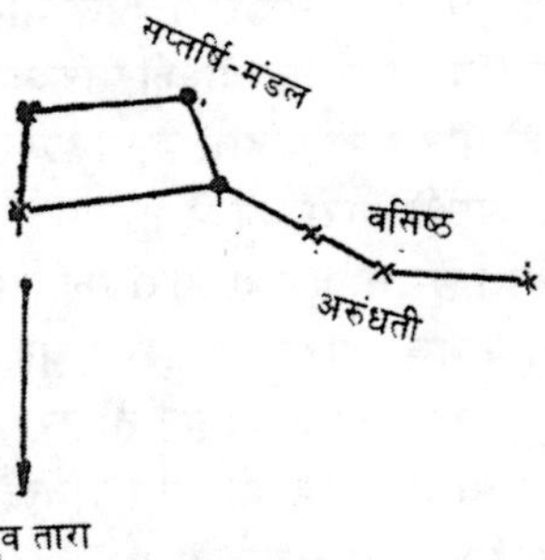

सप्तर्षि तारा-मंडल। इसमें वसिष्ठ और अरुंधती तारे एक-दूसरे के नजदीक हैं।

लेकिन आकाश के ये वसिष्ठ-अरुंधती तारे, नजदीक दिखाई देने पर भी, एक-दूसरे से काफी दूर हैं। दरअसल, ये दो तारे एक-दूसरे से पृथ्वी-सूर्य दूरी (15 करोड़ किलोमीटर) से भी 17,000 गुना अधिक दूर हैं। अर्थात्, वसिष्ठ और अरुंधती के बीच करीब 25,00,00,00,00,000 किलोमीटर का अंतर है।

पार्थिव दृष्टि से दो तारों के बीच का यह अंतर हमें भले ही बहुत अधिक लगता हो, किंतु ब्रह्मांडीय स्तर पर यह अंतर बहुत अधिक नहीं है। हमारे सूर्य और सबसे नजदीक के प्रोक्सिमा-सेंटौरी तारे के बीच इससे 16 गुना अधिक अंतर है। इसलिए हम कह सकते हैं कि वसिष्ठ और अरुंधती एक प्रकार से युग्म तारे ही हैं। पर इन दोनों के बीच में बहुत अंतर है, इसलिए निश्चित रूप से इन्हें युग्म तारे नहीं कहा जा सकता।

लेकिन वसिष्ठ तारे को यदि दूरबीन से देखा जाए तो इसके समीप हमें एक और तारा दिखाई देगा। यह दूसरा तारा अरुंधती की अपेक्षा वसिष्ठ के काफी अधिक नजदीक है। ये दो तारे—वसिष्ठ-अ और वसिष्ठ-ब—स्पष्ट रूप से युग्म तारे हैं और एक-दूसरे की परिक्रमा पूरी करते हैं। ये दोनों तारे अपने सहगुरुत्व-केंद्र के इर्द-गिर्द 20 हजार साल में एक परिक्रमा पूरी करते हैं।

इतना ही नहीं, वर्णक्रम-विश्लेषण से जानकारी मिलती है कि वसिष्ठ-अ भी स्वयं एक युग्म तारा है। ये तारे एक-दूसरे के अत्यंत नजदीक हैं और सिर्फ 20 दिनों में एक-दूसरे की परिक्रमा कर लेते हैं।

इस प्रकार हम देखते हैं कि वसिष्ठ वस्तुतः चार तारों का समूह है। जिस प्रकार चंद्र हमारी पृथ्वी की परिक्रमा करता है और फिर चंद्र-पृथ्वी की जोड़ी सूर्य की परिक्रमा करती है, कुछ-कुछ उसी प्रकार का संयोजन वसिष्ठ तथा उसके साथी तारों का है।

यहाँ हमने जुड़वां तारों का सिर्फ एक उदाहरण दिया है। आकाशगंगा में ऐसे जुडवां तारों की संख्या बहुत अधिक है। पहले हम बता चुके हैं कि आकाशगंगा का प्रायः हर तीसरा तारा किसी-न-किसी प्रकार अन्य तारे से जुड़ा हुआ है। यह भी बता चुके हैं कि ऐसे जुड़वां तारों से उनके द्रव्यमान मालूम किए जा सकते हैं।

चरकांति तारे

नियमित या अनियमित रूप से जिन तारों की कांति घटती-बढ़ती रहती है, उन्हें हम चरकांति तारे कहते हैं। सौभाग्य से हमारा सूर्य ऐसा चरकांति तारा नहीं है; यह काफी हद तक एक सुस्थिर तारा है। लेकिन आकाशगंगा में ऐसे हजारों तारे हैं जिनकी कांति घटती-बढ़ती रहती है। यहाँ यह बता देना जरूरी है कि आकाश के तारे हमें 'लुक्-लुक्' करते दिखाई देते हैं तो इसके लिए हमारी पृथ्वी का वायुमंडल जिम्मेदार है, यह चरकांतिता नहीं है। विपरीत, तारों की चरकांति के कारण स्वयं उन तारों की अपनी परिस्थितियों में निहित हैं।

चरकांति तारे का एक बढ़िया उदाहरण है—तिमिंगिल नक्षत्र-मंडल का

मीरा या माइरा तारा। करीब साढ़े तीन सौ साल पहले पहली बार पता चला था कि यह एक अद्भुत तारा है। दरअसल, 'मीरा' शब्द का अर्थ ही है 'अद्भुत'! महत्तम कांति के समय इस तारे का कांतिमान 3.4 रहता है और तब हम इसे अपनी आँखों से देख सकते हैं। न्यूनतम कांति के समय इस तारे का कांतिमान 9.3 रहता है और तब, स्पष्ट है कि, इसे हम अपनी आँखों से देख नहीं सकते।

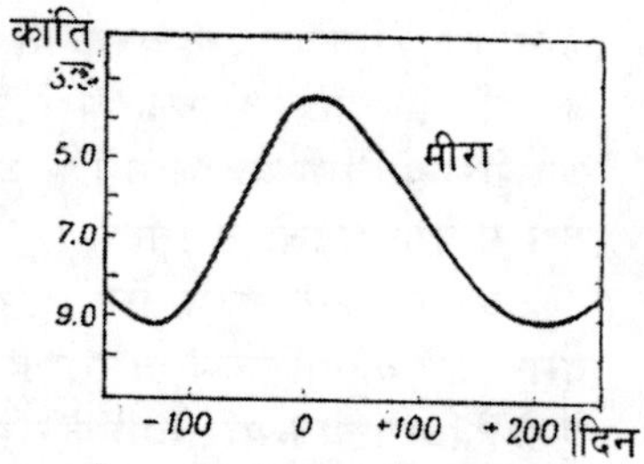

मीरा तारे की चरकांति का वक्र

मीरा तारे की महत्तम और न्यूनतम कांति का आवृत्ति-काल औसतन 331 दिनों का होता है। यह काफी लंबा समय है। इसलिए मीरा-जैसे तारों को **दीर्घ आवृत्ति के चरकांति तारे** कहते हैं। अब हम यह भी जानते हैं कि मीरा और ऐसे सभी तारे लाल दानव तारे हैं।

आकाशगंगा में अनियमित आवृत्ति के चरकांति तारे भी हैं। ऐसे तारों का भविष्य बताना सहज संभव नहीं है। मृग नक्षत्र-मंडल का आर्द्रा तारा कुछ-कुछ इसी प्रकार का है।

तारों की अपनी भौतिक रचना में कुछ उथल-पुथल होती है, इसीलिए हमें उनकी कांति में यह रद्दोबदल दिखाई देती है। लेकिन यदि दो तारे एक-दूसरे की परिक्रमा करते हुए एक-दूसरे को बारी-बारी से ढक लेते हैं (ग्रहण लगाते हैं) तब भी हमें वे चरकांति दिखाई देंगे। ऐसे तारों को **ग्रहणकारी युग्म तारे** कहते हैं।

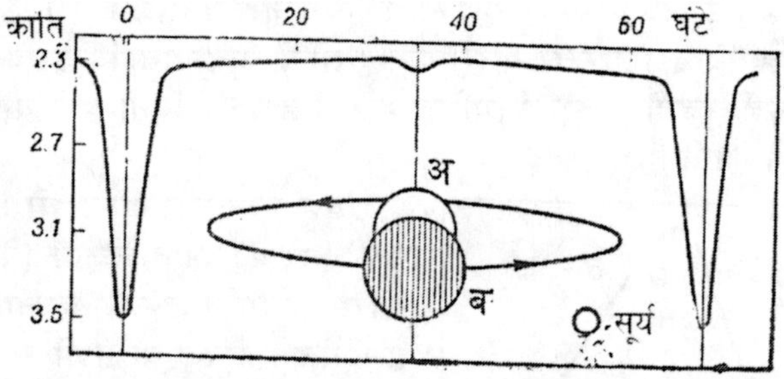

इस योजना में अलगूल-ब तारा अलगूल-अ तारे की करीब 70 घंटों में एक परिक्रमा पूरी करता है। जब अलगूल-ब अलगूल-अ को ढक लेता है तो इनकी चरकांति न्यूनतम (3.5) हो जाती है। महत्तम कांति 2.2 पर पहुँच जाती है। जब अलगूल-ब अलगूल-अ के नीचे चला जाता है तब भी कांति थोड़ी घट जाती है।

ग्रहणकारी युग्म तारों के ऐसे आलेखों से खगोलविद अलगूल-अ और अलगूल-ब जैसे तारों का आकार, द्रव्यमान, घनत्व आदि ज्ञात कर लेते हैं। जैसे अलगूल-अ का व्यास 58,00,000 किलोमीटर है, जबकि हमारे सूर्य का व्यास 13,91,000 किलोमीटर है।

सबसे पहले जिस ग्रहणकारी युग्म तारे की खोज हुई थी, वह है परशु (परस्युस) नक्षत्र-मंडल का **अलगूल** तारा। मध्ययुग के अरब ज्योतिषी जान गए थे कि यह एक चरकांति तारा है। यह 'अलगूल' शब्द अरबी भाषा का ही है और इसका अर्थ है 'बार-बार पलक गिराना'। लेकिन अरबी-ज्योतिषी यह जानने में असमर्थ थे कि अलगूल की कांति नियमित रूप से क्यों घटती-बढ़ती है।

अलगूल एक युग्म तारा है, यानी एक ऐसी योजना है जिसमें एक तारा दूसरे तारे की परिक्रमा करता है। हमारे सापेक्ष इस युग्म तारे की स्थिति ऐसी है कि प्रत्येक परिक्रमा के समय इसका एक तारा दूसरे तारे को एक बार ढक लेता है। इसलिए अलगूल की कांति हमें घटती-बढ़ती नजर आती है। अलगूल का आवृत्ति-काल लगभग तीन दिन का है।

आकाशगंगा में अब तक ऐसे करीब दो हजार ग्रहणकारी चरकांति तारे खोजे गए हैं। खगोल-विज्ञान में ऐसे चरकांति तारों का बड़ा महत्त्व है। युग्म तारों की ऐसी योजनाओं से हम उनके दोनों ही तारों के आकार-प्रकार, द्रव्यमान, कक्षाएँ, घनत्व तथा अन्य अनेक भौतिक गुणधर्मों के बारे में जानकारी प्राप्त कर सकते हैं।

ग्रहणकारी चरकांति तारों की कांति उनके ग्रहणों के कारण घटती-बढ़ती है। लेकिन अन्य प्रकार के चरकांति तारों की कांति उनकी भौतिक परिस्थितियों में रद्दोबदल होने के कारण घटती-बढ़ती है। ऐसे तारों में **सैफियरी** चर नामक तारों का खगोल-विज्ञान में बड़ा महत्त्व है।

आकाश के उत्तरी गोलार्द्ध में सीफियस (कपिश) नामक एक नक्षत्र-मंडल है। इस नक्षत्र-मंडल में **डेल्टा सैफी** (चतुर्थ कपिश) नाम का एक तारा है। इंग्लैंड के एक तरुण खगोलविद् **जोहन गुड्रिक** ने 1782 ई. में कई सप्ताह तक इस तारे का अवलोकन करने के बाद जाना कि इसकी कांति घटती-बढ़ती रहती है और नियमित रूप से हर 5.4 दिनों बाद यह कांति महत्तम हो जाती है।

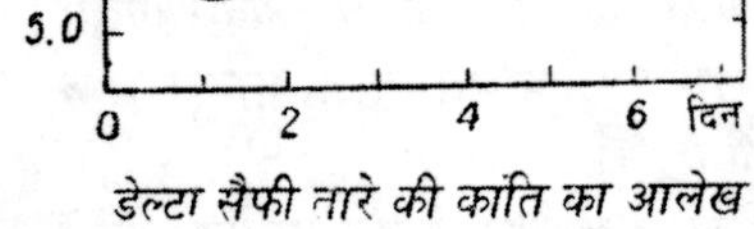

डेल्टा सैफी तारे की कांति का आलेख

यह एक नई खोज थी। डेल्टा सैफी तारे की कांति लोलक (पेंडुलम) की तरह नियमित रूप से घटती-बढ़ती है। पहले एकाएक तेजी से इसकी कांति बढ़ जाती है और फिर धीरे-धीरे घटती जाती है। सवा पाँच दिन बाद पुनः इसकी कांति महत्तम हो जाती है, और यह सिलसिला जारी रहता है।

खगोलविदों ने आकाश में ऐसे बहुत-से तारे खोजे हैं। चूँकि ऐसा पहला

तारा सीफियस नक्षत्र-मंडल में खोजा गया था, इसलिए डेल्टा सैफी-जैसे सभी तारों को **सैफियरी चर तारे** कहते हैं।

सैफियरी चर तारे सफेद-पीले रंग के दानव तारे हैं। किन्हीं अज्ञात कारणों से इन तारों का भीतरी संतुलन विचलित हो जाता है और तब ये आकार में क्रमशः घटते और बढ़ते हैं। सैफियरी चर तारे जब सर्वाधिक सिकुड़ जाते हैं तो उनके तापमान सर्वोच्च होते हैं और तब उनकी कांति भी महत्तम होती है। इसके विपरीत, जब इन तारों का आयतन महत्तम हो जाता है तब इनके तापमान सबसे कम होते हैं और तब इनकी कांति भी न्यूनतम होती है।

इन सैफियरी चर तारों के अध्ययन से एक बड़ी महत्त्व की बात मालूम हो जाती है। सैफियरी चर तारे के आवृत्ति-काल की जानकारी मिलने पर हम उसके निरपेक्ष कांतिमान की गणना कर सकते हैं। तदनंतर हम उस तारे का दृष्ट कांतिमान मालूम करते हैं। निरपेक्ष कांतिमान और दृष्ट कांतिमान की सहायता से हम उस तारे की दूरी मालूम कर सकते हैं।

आकाश के जो तारे हमसे अपेक्षाकृत नजदीक हैं उनकी दूरियाँ लंबन (पैरेलैक्स) की विधि से मालूम की जाती हैं। लेकिन जो तारे 200 प्रकाश-वर्ष से अधिक दूर हैं उनकी दूरियाँ लंबन की विधि से मालूम करना संभव नहीं है। सैफियरी चर तारों की सहायता से हम अत्यधिक दूर के तारों की दूरियाँ जान सकते हैं।

अतिदूर की मंदाकिनियों में भी सैफियरी तारों की खोज हुई है। अतः ऐसे तारों की सहायता से हम उन मंदाकिनियों की दूरियाँ भी मालूम कर सकते हैं। अतः खगोल-विज्ञान में इन सैफियरी चर तारों का महत्त्व स्पष्ट है।

चरकांति के आवर्त्त-कालों के अनुसार सैफियस चर तारों को मुख्यतः दो वर्गों में बाँटा गया है। लघु आवृत्तिवाले सैफियस चर तारों का आवृत्ति-काल एक दिन से कम का होता है। ऐसें तारों में **आर-आर लायरी** नामक तारों का समावेश होता है। दीर्घ आवृत्ति वाले सैफियरी चर तारों का आवृत्ति-काल एक से पचास दिन तक का होता है।

हमारी आकाशगंगा में तथा अन्य मंदाकिनियों में और भी कई प्रकार के चरकांति तारे हैं। कुछ ऐसे तारे हैं जो अल्पकाल के लिए एकाएक प्रदीप्त हो जाते हैं। ऐसे तारे तप्त गैसों का भबूका छोड़ते हैं, जिससे उनकी कांति बढ़ जाती है। हमारा सूर्य भी कभी-कभी ऐसे भबूके छोड़ता है, जिससे सूर्य की सतह पर पंद्रह-बीस मिनट से लेकर करीब एक घंटे तक के लिए बड़ी हलचल मचती है। सूर्य की इस हलचल का हमारी धरती पर भी असर पड़ता है।

ब्रह्मांड में ऐसे भी अनेक तारे हैं जो एकाएक तेजी से भड़क उठते हैं या जिनमें विस्फोट हो जाता है। इनमें से एक प्रकार के तारों को **नवतारे** (नोवा) कहते हैं। ऐसे तारों में इनका बाहरी गैसीय कवच उछाल दिया जाता है जिससे चंद घंटों में ही इनकी कांति बहुत बढ़ जाती है। ऐसे तारों की कांति एक लाख गुना भी बढ़ सकती है। कई महीने या साल गुजर जाने पर ही ऐसा तारा पुनः अपनी सामान्य स्थिति पर लौटता है।

नवतारा कहाँ और कब प्रकट होगा, इसके बारे में पहले से कुछ नहीं बताया जा सकता। खगोलविदों का मत है कि हमारी आकाशगंगा में हर साल 20-30 नवतारे प्रकट होते हैं। परंतु इनमें से चंद नवतारों के ही हमें दर्शन होते हैं। चूँकि नवतारों की कांति बहुत अधिक होती है, इसलिए शौकिया खगोलविद् भी कभी-कभी इनको खोज लेते हैं। दूसरी मंदाकिनियों में भी नवतारे खोजे गए हैं।

जिस तारे में विस्फोट होकर उसका अधिकांश गैसीय द्रव्य अंतरिक्ष में फैलने लगता है, उसे **सुपरनोवा** या **अधिनवतारा** कहते हैं। सुपरनोवा का कांतिमान –14 तक पहुँचता है, यानी ऐसे तारे की चमक 10 करोड़ सूर्यों की चमक के तुल्य हो जाती है। सुपरनोवा की गैसें प्रति सेकंड 10,000 किलोमीटर के वेग से फैलती हैं। सुपरनोवा की फैलती हुई द्रव्यराशि को सदियों तक देखा जा सकता है।

पुराने चीनी उल्लेखों से जानकारी मिलती है कि वहाँ के ज्योतिषियों ने 1054 ई. में एक सुपरनोवा देखा था। आज हम इसे कर्क नीहारिका (**क्रैब नेबुला**) के नाम से जानते हैं। वृषभ मंडल में आज भी इस नीहारिका को देखा जा सकता है। यह हमसे लगभग 4000 प्रकाश-वर्ष दूर है और अब भी फैल रहा है। यूरोप के प्रख्यात ज्योतिषी **तीखो ब्राहे** ने 1572 ई. में आकाश में ऐसा ही एक सुपरनोवा देखा था। 1604 ई. में देखा गया सुपरनोवा **केपलर का तारा** नाम से प्रसिद्ध है। हमारे समय में 1987 में भी एक सुपरनोवा प्रकट हुआ--एक मेगल्लानी मेघ में।

तारा-गुच्छ

हमारी आकाशगंगा में तारों के अनेक समूह या गुच्छ हैं। खगोलविदों ने इन्हें मुख्यतः दो वर्गों में बाँटा है—खुले तारा-गुच्छ (आकाशगंगीय तारा गुच्छ) और गोल तारा-गुच्छ। अधिक बिखरे हुए तारा-गुच्छों को तारा-संगठन कहते हैं। दूर की दूसरी मंदाकिनियों में भी तारा-गुच्छ खोजे गए हैं।

खुले या **आकाशगंगीय तारा-गुच्छ** प्रमुखतः आकाशगंगा के समतल में पाए जाते हैं। खुले तारा-गुच्छ के तारे एक-दूसरे से कुछ अधिक दूर होते

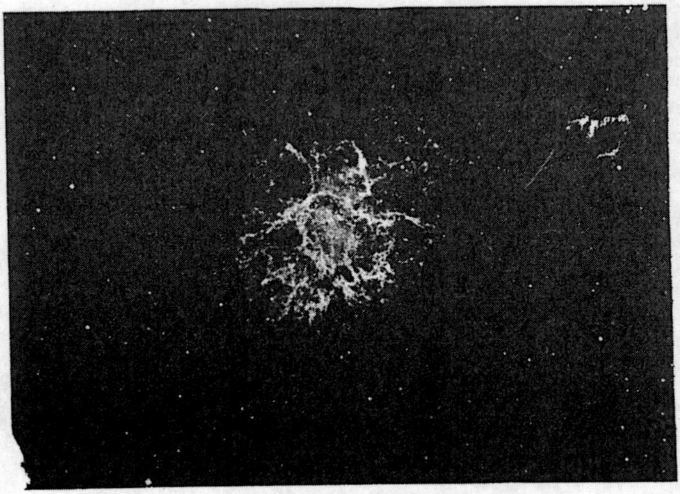

कर्क नीहारिका (क्रैब नेबुला)

हैं और गुरुत्वाकर्षण के कारण एक-दूसरे से संबंधित होते हैं। खुले तारा-गुच्छ का एक बढ़िया उदाहरण है—कृत्तिका के तारे। अपनी आँखों से इस तारा-गुच्छ में हम छः या सात तारे देख सकते हैं, परंतु दूरबीन से इसमें लगभग 300 तारे देखे जा सकते हैं।

खगोलविदों ने अब तक लगभग 350 खुले तारा-गुच्छों की खोज की है। इनमें चंद तारों से लेकर सैकड़ों तारे हो सकते हैं। धीरे-धीरे ये तारे एक-दूसरे से दूर हटते जाते हैं। खगोलविदों का मत है कि खुले तारा-गुच्छों के तारे अपेक्षाकृत तरुण हैं। इन्हें वे **आबादी-1** के तारे कहते हैं।

गोल तारा-गुच्छों में दस हजार से एक लाख तक तारे होते हैं और अधिकांश तारे इस गोलाकार योजना के केंद्रभाग में होते हैं। इन गोल तारा-गुच्छों में वयोवृद्ध तारे होते हैं, जिन्हें खगोलविद् **आबादी-2** के तारे कहते हैं।

गोल तारा-गुच्छों में अनेक सैफियरी चरकांति तारे पाए जाते हैं, जिनकी सहायता से उन तारा-गुच्छों की दूरियाँ मालूम की जा सकती हैं। हमसे सबसे नजदीक का गोल तारा-गुच्छ आकाश के दक्षिणी गोलार्द्ध में सेंटौर नक्षत्र-मंडल में देखा जा सकता है, जिसे **ओमेगा-सेंटौरी** कहते हैं। यह गोल तारा-गुच्छ हमसे 20 हज़ार प्रकाश-वर्ष दूर है। आकाशगंगा में खगोलविदों ने अब तक लगभग सौ गोल तारा-गुच्छ खोजे हैं।

गोल तारा-गुच्छों के बारे में प्रमुख बात यह है कि ये सिर्फ आकाशगंगा

गोल तारा-गुच्छ

के मुख्य समतल में नहीं हैं। दरअसल, ये लोग गोल तारा-गुच्छ आकाशगंगा के केंद्रभाग के चहुँओर एक विशाल गोल बनाते हैं। इस तथ्य से यह स्पष्ट होता है कि हमारी आकाशगंगा पूर्णतः एक चकती के आकार की नहीं है, बल्कि इसके समतल के ऊपर-नीचे दूर-दूर तक गोल तारा-गुच्छों के तारों की आबादी है।

खगोलविद् हमें यह भी जानकारी देते हैं कि गोल तारा-गुच्छों के तारों की उम्र बहुत अधिक है—दस अरब सालों के आसपास। दूर की अन्य मंदाकिनियों में भी ऐसे गोल तारा-गुच्छ खोजे गए हैं।

नीहारिकाएँ

गैसों और धूलि-कणों के मेघ को नीहारिका या नेबुला कहते हैं। संस्कृत के 'नीहार' शब्द का अर्थ है 'घना कुहरा' और लैटिन भाषा के 'नेबुला' शब्द का अर्थ है 'मेघ'। आकाशगंगा के पट्टे की ओर यदि हम देखें तो उसमें हमें अनेक चमकीले और काले धब्बे दिखाई देते हैं, जिन्हें हम नीहारिका या नेबुला कहते हैं।

फ्रांसीसी खगोलविद् **चार्ल्स मेसिए** (1730-1817 ई.) ने पहली बार 1784 में आकाश की ऐसी 103 नीहारिकाओं और तारों-गुच्छों की एक सूची तैयार की थी। इसलिए अब भी मेसिए के नाम का आद्याक्षर M और

उसके बाद की क्रमिक संख्या से नीहारिका (नेबुला) की पहचान होती है। जैसे, मृग नक्षत्र-मंडल की M42 नामक प्रसिद्ध नीहारिका।

मेसिए की सूची में ऐसे 'मेघों' का भी समावेश किया गया था, जो वस्तुतः हमारी आकाशगंगा के भीतर के मेघ नहीं थे। बाद में पता चला कि इनमें से कुछ 'मेघ' दरअसल बहुत दूर की मंदाकिनियाँ हैं। आज हम जानते हैं कि ये मंदाकिनियाँ हमारी आकाशगंगा की तरह की विशाल तारक-योजनाएँ हैं। लेकिन गलतफहमी से आज भी कुछ मंदाकिनियों को 'नेबुला' कहा जाता है। जैसे, देवयानी मंदाकिनी को अक्सर देवयानी (एंड्रोमेडा) नेबुला कहा जाता है। हम भी कभी-कभी मंदाकिनी को 'नीहारिका' कहते हैं, जो गलत है। नीहारिकाएँ गैसों और धूलि-कणों के मेघ हैं और मंदाकिनियाँ विशाल तारक-योजनाएँ हैं।

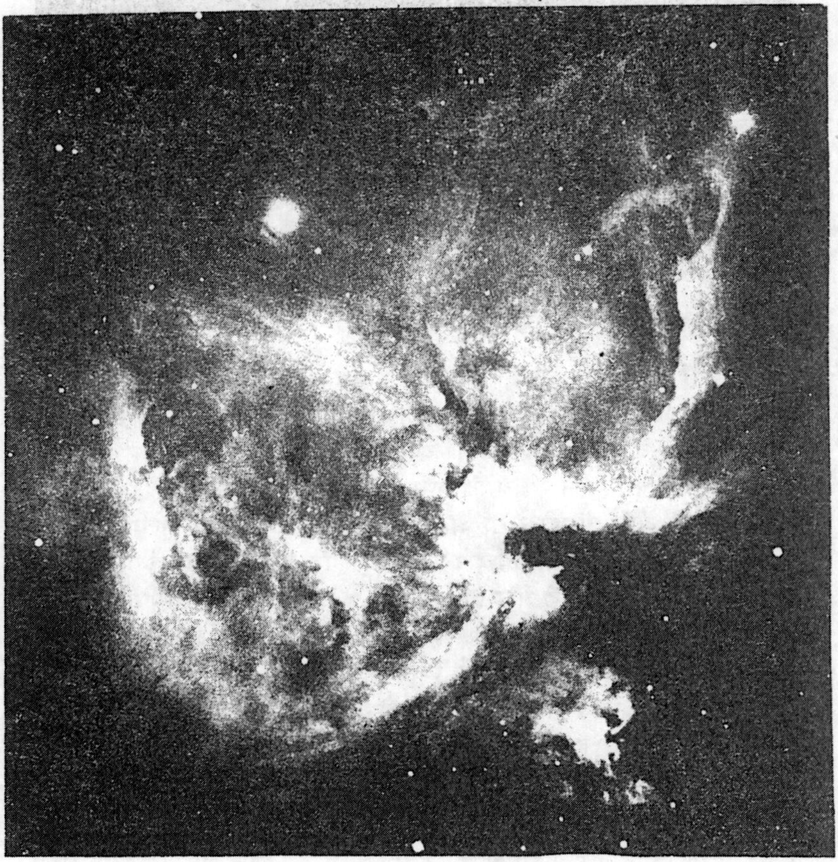

मृग नक्षत्र-मंडल में दिखाई देने वाली एक नीहारिका M42

हमारी आकाशगंगा में कई प्रकार की नीहारिकाएँ हैं। जो नीहारिकाएँ आसपास के तारों के प्रकाश का अवशोषण करके उसका पुनः उत्सर्जन करने से चमकती हैं, उन्हें हम **उत्सर्जक नीहारिकाएँ** कहते हैं। ऐसी नीहारिकाओं में हाइड्रोजन गैस की प्रधानता होती है।

उत्सर्जक नीहारिका का एक बढ़िया उदाहरण है—मृग नक्षत्र-मंडल में दिखाई देनेवाली नीहारिका (M 42)। इसे हम अपनी आँखों से भी देख सकते हैं। दूरबीन से देखने पर इस चमकीले मेघ में हमें कई तारे भी दिखाई देते हैं। ये तरुण तारे हैं और खगोलविदों का मत है कि गैसीय मेघ के द्रव्य से ही इन तारों ने जन्म लिया है। मृग नक्षत्र-मंडल की यह नीहारिका हमसे करीब 1300 प्रकाश-वर्ष दूर है। इसके गैसीय मेघ का व्यास लगभग 26 प्रकाश-वर्ष है।

आकाशगंगा के किसी गैसीय मेघ के पास यदि O और B वर्ग के अतितप्त तारे हों तो ऐसे मेघ उन तारों के परावर्तित प्रकाश में चमकते हैं। इन्हें हम **परावर्तक नीहारिकाएँ** कहते हैं। ऐसी नीहारिकाओं को देख पाना सहज संभव नहीं है, परंतु कृत्तिका के तारों के इर्द-गिर्द हमें ऐसे धुँधले मेघ दिखाई देते हैं।

आकाशगंगा में गैसों और धूलि-कणों की **काली नीहारिकाएँ** भी हैं। ऐसी नीहारिकाएँ अपने परे के तारे के प्रकाश को रोक देती हैं, इसलिए ये हमें काली दिखाई देती हैं।

अंतर्नक्षत्रीय द्रव्य

ब्रह्मांड में द्रव्य-रहित रिक्त आकाश या दिक्-जैसी कोई चीज नहीं है। जहाँ आकाश है वहाँ द्रव्य अवश्य मौजूद है, चाहे वह किसी भी रूप में हो। नीहारिकाओं की गैसों और धूलि-कणों का घनत्व बहुत कम है—हमारे वायुमंडल के घनत्व से भी बहुत कम।

तारों के बीच में भी गैसों और धूलि-कणों के रूप में अत्यंत विरल अवस्था में अपार द्रव्यराशि बिखरी हुई है। यह अंतर्नक्षत्रीय द्रव्य तारों के प्रकाश को बिखेर देता है और इसलिए दूर के तारे हमें वास्तविकता में कुछ मंदकांति दिखाई देते हैं। अंतर्नक्षत्रीय द्रव्य के धूलि-कण लघु तरंग-दैर्घ्यों वाले प्रकाश को, जैसे नीले रंग के प्रकाश को, अधिक मात्रा में बिखेर देते हैं। दीर्घ तरंग-दैर्घ्यवाले लाल प्रकाश को ये कण कम मात्रा में बिखेरते हैं। इसलिए दूर के तारे हमें कुछ अधिक लाल रंग के दिखाई देते हैं।

अंतर्नक्षत्रीय द्रव्य के गैसों में हाइड्रोजन की प्रधानता है। रेडियो-तरंगों के रूप में हमें इस हाइड्रोजन गैस के अस्तित्व के बारे में जानकारी मिलती है।

आधुनिक अनुसंधानों से जानकारी मिली है कि आकाशगंगा में इस अंतर्नक्षत्रीय द्रव्य राशि की मात्रा नगण्य नहीं है। खगोलविद् हमें जानकारी देते हैं कि आकाशगंगा में इस बिखरे हुए द्रव्य की मात्रा समस्त तारों में संगृहीत द्रव्य की मात्रा से अधिक ही है। इसीलिए आरंभ में हमने कहा था कि, यद्यपि आकाशगंगा में लगभग 100 अरब तारे हैं, तो भी समस्त आकाशगंगा की द्रव्यराशि लगभग 200 अरब सूर्यों के बराबर है।

आगे हम देखेंगे कि इस बिखरी हुई द्रव्यराशि का तारों के निर्माण में बड़ा हाथ है। अगले प्रकरण में हम तारों के विकास-क्रम पर विचार करेंगे।

तारों का विकास-क्रम

इस भौतिक विश्व में कोई भी वस्तु स्थिर या अचल नहीं है। सभी कुछ निरंतर बदलता रहता है। आकाश के अनगिनत तारे भी इस नियम के अपवाद नहीं हैं।

हमारे आसपास की सजीव वस्तुओं को, और स्वयं को भी, हम बदलते देखते हैं। इसलिए ऐसी वस्तुओं के विकास-क्रम को समझने में हमें विशेष कठिनाई नहीं होती। परंतु आकाश की ज्योतियों के विकास-क्रम को हम आसानी से पहचान नहीं सकते। यही कारण है कि प्राचीन काल के अनेक ज्योतिषियों और दार्शनिकों ने आकाश को 'अपरिवर्तनशील' मान लिया था।

पुराने जमाने के ज्योतिषी नहीं जानते थे कि तारे कितने बड़े हैं, हमसे कितनी दूर हैं और क्यों चमकते हैं। इसलिए वे तारों के विकास-क्रम को नहीं समझ सकते थे। तारों के भौतिक गुणधर्मों के बारे में अधिक जानकारी हमें बीसवीं सदी में ही मिली है।

आज से पचास साल पहले, सन् 1920 ई. तक, संसार का कोई भी वैज्ञानिक यह समझाने में समर्थ नहीं था कि हमारा सूर्य क्यों इतना तेज चमकता है। सूर्य और अन्य तारों में कौन-सा ईंधन जलता है और यह कैसे जलता है?

लेकिन आज हम इन प्रश्नों के उत्तर जानते हैं। इतना ही नहीं, आज हम, अल्प मात्रा में ही सही, वैसी ऊर्जा धरती पर भी पैदा करने में समर्थ हैं, जैसी कि सूर्य और अन्य तारों में पैदा होती है।

यह है हाइड्रोजन की परमाणु-ऊर्जा।

पहली बार, पिछली सदी के अंतिम दशक में **बेक्वेरेल** और **मैडम क्यूरी** के अनुसंधानों से जानकारी मिली कि रेडियम-जैसे तत्त्वों के परमाणुओं से ऊर्जा का सतत उत्सर्जन होता रहता है। फिर, वर्तमान सदी के आरंभिक दशक में, महान **आइंस्टाइन** ने हमें जानकारी दी कि द्रव्य को ऊर्जा में और ऊर्जा को द्रव्य में बदला जा सकता है। अर्थात् द्रव्य और ऊर्जा, एक ही वस्तु के दो रूप हैं।

वर्तमान सदी के चौथे दशक में वैज्ञानिक परमाणु-ऊर्जा की खोज में जुट गए। दूसरे महायुद्ध के दौरान यूरेनियम के **विखंडन** में सफलता मिली। 16 जुलाई, 1945 को एटम बम का अमरीका में पहली बार सफल परीक्षण हुआ। कुछ ही दिनों बाद सारे संसार को जानकारी मिली कि यूरेनियम के विखंडन से विशाल ऊर्जा प्राप्त होती है।

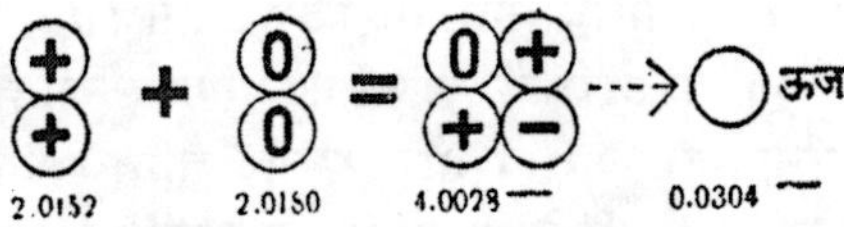

संगलन की प्रक्रिया

विशेष परिस्थितियों में हाइड्रोजन के चार नाभिकों का संगलन होकर जब हीलियम का एक नाभिक जन्म लेता है तो साथ ही ऊर्जा भी पैदा होती है। यही है तारों की उर्जा।

लगभग उसी समय यह भी स्पष्ट हो गया कि हाइड्रोजन के परमाणुओं के **संगलन** से भी भीषण ऊर्जा पैदा हो सकती है। विशेष किस्म के हाइड्रोजन के चार नाभिक जब आपस में मिलते हैं तो हीलियम का एक नाभिक जन्म लेता है। संगलन की इस प्रक्रिया में नाभिक के द्रव्य की कुछ मात्रा भीषण ऊर्जा के रूप में बाहर आती है। यही है हाइड्रोजन बम की ऊर्जा, जो आज एक वास्तविकता है।

हम यह भी जानते हैं कि एक करोड़ डिग्री सेंटीग्रेड से ऊपर के तापमान में ही हाइड्रोजन के नाभिकों का संगलन होकर ऊर्जा का उत्सर्जन संभव है। इतना ऊँचा तापमान एटम बम के विस्फोट में ही प्राप्त हो सकता है। इसीलिए हाइड्रोजन बम के विस्फोट की प्रक्रिया में पहले एटम बम का विस्फोट होता है।

लेसर-किरणों के विशेष संयोजन से भी 1,00,00,000 सें. तक तापमान प्राप्त करना संभव है। इस दिशा में प्रयोग जारी है। निकट भविष्य में लेसर-किरणों से हाइड्रोजन के नाभिकों का संगलन (हाइड्रोजन बम का विस्फोट) संभव होगा।

यह सब जानकारी हमने इसलिए दी है कि सूर्य और अन्य तारों की भीषण ऊर्जा हाइड्रोजन के नाभिकों के संगलन से निर्मित ऊर्जा है। लेकिन यह जानकारी हमें पिछले करीब पचास सालों में ही मिली है।

खगोल-विज्ञान के इतिहास की यह एक अद्भुत घटना है कि पृथ्वी पर परमाणु-ऊर्जा के सफल प्रयोग किए जाने के पहले ही वैज्ञानिकों ने परिकल्पनाएँ प्रस्तुत की थीं कि सूर्य और अन्य तारों की ऊर्जा परमाणु-ऊर्जा है। और, पृथ्वी की प्रयोगशालाओं में संगलन (हाइड्रोजन बम) की प्रक्रिया के सफल परीक्षणों के दो दशक पहले ही वैज्ञानिकों ने हमें जानकारी दी कि सूर्य और अन्य तारों की ऊर्जा हाइड्रोजन ईंधन की ऊर्जा है।

हम जानते हैं कि सूर्य पिछले करीब पाँच अरब साल से अपनी ऊर्जा का उत्सर्जन करता आ रहा है। कोई भी रासायनिक ईंधन (तेल, कोयला आदि) इतने लंबे समय तक इतनी भीषण ऊर्जा पैदा करने में समर्थ नहीं है। लेकिन वर्तमान सदी के तीसरे दशक तक वैज्ञानिक भी यह समझने में समर्थ नहीं थे कि वह कौन-सा ईंधन है जो तारों में इतनी भीषण ऊर्जा पैदा करता है।

पहली बार इंग्लैंड के प्रख्यात खगोलविद् **आर्थर एडिंगटन** ने 1925 ई. के आसपास परिकल्पना प्रस्तुत की कि तारों की ऊर्जा परमाणु-ऊर्जा है। फिर 1938 ई. में अमरीकी वैज्ञानिक **हान्ज बेथे** और जर्मन वैज्ञानिक **कार्ल फॉन वाइत्सेकर** ने हमें स्पष्ट जानकारी दी कि तारों में यह परमाणु-ऊर्जा किस प्रकार उत्पन्न होती है।

हम जानते हैं कि सूर्य और अन्य तारों का मुख्य द्रव्य हाइड्रोजन गैस है। हमारे सूर्य की द्रव्यराशि में 80 प्रतिशत से भी अधिक हाइड्रोजन है। सूर्य के केंद्रभाग में, जहाँ तापमान करीब 1,50,00,000 सें. है, इस हाइड्रोजन का संगलन होकर यह हीलियम में परिवर्तित होता है और इस प्रक्रिया में ऊर्जा पैदा होती है, जो सूर्य-सतह पर पहुँचकर बाह्य अंतरिक्ष में उत्सर्जित होती रहती है।

खगोलविद् हमें जानकारी देते हैं कि सूर्य की द्रव्यराशि में से प्रति सेकंड 40 लाख टन द्रव्य पूर्णतः ऊर्जा में बदल जाता है। अन्य शब्दों में कहें तो संगलन की इस प्रक्रिया में प्रति सेकंड सूर्य का 5640 लाख टन हाइड्रोजन 5600 लाख टन हीलियम में रूपांतरित हो जाता है। अर्थात्, प्रति सेकंड 40 लाख टन द्रव्य ऊर्जा में बदल जाता है।

लगता है कि जैसे सूर्य बड़ी तेजी से अपना ईंधन खर्च कर रहा है। पर हमें स्मरण रखना चाहिए कि सूर्य में करीब 10^{27} टन द्रव्य है। हम यह भी जानते हैं कि पिछले करीब पाँच अरब साल से सूर्य इसी प्रकार अपने ईंधन को खर्च करता आ रहा है और आगे कम-से-कम पाँच अरब साल तक खर्च करता रह सकता है।

हम बता चुके हैं कि सूर्य आकाश का एक सामान्य तारा है। आकाश-गंगा में ऐसे अनेक तारे हैं जो सूर्य से कई गुना बड़े हैं और बड़ी रफ्तार से अपने ईंधन (हाइड्रोजन) को खर्च कर रहे हैं। मृग नक्षत्र-मंडल के **राइगेल** (कालपुरुष) तारे को ही लीजिए। राइगेल तारे का व्यास सूर्य के व्यास (14 लाख किलोमीटर) से 33 गुना अधिक है। राइगेल का सतह-तापमान $13{,}000^{0}$ सें. है, जबकि सूर्य का सतह-तापमान लगभग 6000^{0} सें. है।

खगोलविद हमें जानकारी देते हैं कि राइगेल तारा बड़ी तेजी से अपनी द्रव्य राशि खर्च कर रहा है। एक सेकंड में इसका 80 अरब टन द्रव्य ऊर्जा में

बदल जाता है। इसीलिए यह तारा करीब एक करोड़ साल बाद ही बुझ जाएगा।

उपर्युक्त जानकारी से स्पष्ट हो जाता है कि तारों में निरंतर रद्दोबदल होती रहती है। रोजमर्रा की शब्दावली का इस्तेमाल करें तो हम कह सकते हैं कि तारे जन्म लेते हैं, तारे बढ़ते हैं, तारे जवान होते हैं, तारे बूढ़े होते हैं और तारे मर जाते हैं। संक्षेप में, तारों का विकास होता रहता है।

तारों का यह विकास-काल करोड़ों-अरबों सालों का होता है। तुलना में इस धरती पर मानव का अस्तित्व पिछले सिर्फ बीस लाख साल से ही है। इनमें भी सिर्फ पिछले करीब सौ साल से ही हम तारों के भौतिक गुणधर्मों को समझ रहे हैं। तब सवाल उठता है—इतने अल्पकाल में हम इतने दीर्घकालीन विकास-क्रम को कैसे जान सकते हैं?

इस बात को समझने के लिए एक ऐसे प्राणिशास्त्रज्ञ की कल्पना कीजिए जो किसी विशेष जानवर के अध्ययन के लिए जंगल में जाता है और वहाँ चंद घंटों के लिए उस जानवर के एक विशाल झुंड को देखता है। वह प्राणिशास्त्रज्ञ उस झुंड में मादा जानवर देखता है, नर जानवर देखता है, बछड़े देखता है, बूढ़े जानवर देखता है। असंभव नहीं कि उन चंद घंटों में वह प्राणिशास्त्रज्ञ किसी बछड़े को जन्म लेते हुए या किसी बूढ़े जानवर को मरते हुए भी देख ले। इस प्रकार, चंद घंटों के अवलोकन के बाद ही वह प्राणिशास्त्रज्ञ उस विशेष जानवर के विकास-क्रम की रूपरेखा जान सकता है। यदि उस जानवर की आयु सौ साल है, तो यह जरूरी नहीं कि पूरे सौ साल तक उस जानवर का अध्ययन किया जाए।

यही हाल आकाश के तारों का है। तारों का जीवन-काल करोड़ों-अरबों सालों का है और हमारा जीवन-काल सौ साल से भी कम का है। फिर भी तारों के विकास-क्रम को समझना संभव है। क्योंकि तारों के विशाल झुंड (आकाशगंगा) में हम विभिन्न प्रकार के तारे देखते हैं। आकाश में तरुण तारे हैं, प्रौढ़ तारे हैं, बूढ़े तारे हैं और मरणोन्मुख तारे भी हैं। इन तारों का अध्ययन करके हम तारों के विकास-क्रम की रूपरेखा प्रस्तुत करने में समर्थ हैं।

इस संदर्भ में यह स्मरण रखना जरूरी है कि पिछले करीब पचास साल में ही हमें तारों के विकास-क्रम के बारे में कुछ स्पष्ट जानकारी मिली है, क्योंकि इन्हीं विगत पचास वर्षों में तारों की ऊर्जा के बारे में हमें कुछ ठोस तथ्यों का ज्ञान हुआ है।

तारों की उत्पत्ति का प्रश्न ब्रह्मांड की उत्पत्ति के साथ जुड़ा हुआ है। जैसा कि हमने पहले बताया है, ब्रह्मांड में अरबों मंदाकिनियाँ हैं। हमारी आकाशगंगा उनमें से एक सामान्य मंदाकिनी है। ब्रह्मांड की इन

मंदाकिनियों की रचना एवं विस्तार के बारे में हम एक अन्य पुस्तक में जानकारी देंगे। यहाँ इतना ही जानना पर्याप्त होगा कि ब्रह्मांड की उत्पत्ति के एक मान्य सिद्धांत के अनुसार, लगभग दस अरब साल पहले समस्त मंदाकिनियों का द्रव्य एक महापिंड में पुंजीभूत था। इसे द्रव्य की बजाय **ऊर्जा का महापिंड** कहना बेहतर होगा। आइंस्टाइन के नियमों के अनुसार ऊर्जा के उस आदिम महापिंड का तापमान लगभग 15 अरब डिग्री सेंटीग्रेड रहा होगा।

फिर, आज से लगभग बीस अरब साल पहले, उस आदिम महापिंड में विस्फोट हुआ। ऊर्जा फैलने लगी। तापमान घटने लगा। ऊर्जा द्रव्य में रूपांतरित होने लगी। इसी द्रव्य से कालांतर में मंदाकिनियों ने जन्म लिया। ब्रह्मांड की मंदाकिनियाँ आज भी एक-दूसरी से दूर हटती जा रही हैं।

लेकिन अभी हमें केवल एक मंदाकिनी—अपनी आकाशगंगा—पर विचार करना है। हमें देखना है कि आकाशगंगा के तारे कैसे जन्म लेते हैं और इनका कैसे विकास होता है।

अब प्रायः सभी खगोलविद् इस सिद्धांत को स्वीकार करते हैं कि गैसों और धूलि-कणों के मेघों के द्रव्य से ही तारों का जन्म होता है। कल्पना कीजिए कि गैसों और धूलि-कणों के किसी मेघ का घनत्व कुछ बढ़ जाता है। तब अपने ही भार (गुरुत्वाकर्षण) के कारण यह मेघ सिकुड़ने लग जाएगा। जैसे-जैसे यह मेघ सिकुड़ता जाता है, वैसे-वैसे इसके केंद्रभाग का तापमान बढ़ता जाता है। अंत में उस मेघ के केंद्रभाग का तापमान और घनत्व इतना अधिक बढ़ जाता है कि हाइड्रोजन के नाभिक आपस में टकराने लगते हैं। तब संगलन की प्रक्रिया शुरू हो जाती है। उस मेघ के केंद्रभाग में ऊर्जा की भट्ठी तैयार हो जाती है। यह ऊर्जा बाहर आने लगती है। इस प्रकार वह मेघ **तारा** बन जाता है और चमकने लगता है।

तारे के केंद्रभाग में जब ऊर्जा पैदा करने वाली भट्ठी तैयार हो जाती है, तब वह संतुलित हो जाता है, यानी वह एक **सुस्थिर तारा** बन जाता है। सुस्थिर तारे में गुरुत्वाकर्षण और गैसों के दाब के बल संतुलित हो जाते हैं। गुरुत्वाकर्षण-बल तारे के द्रव्य को इसके केंद्र की ओर खींचता है और गैसों का दाब इस द्रव्य को बाहर की ओर ढकेलता है। सुस्थिर तारे में ये दोनों बल संतुलित हो जाते हैं।

भौतिकी के नियमों से हम जानते हैं कि गैस का दाब उसके तापमान से निर्धारित होता है और गुरुत्वाकर्षण-बल पूरे द्रव्यमान द्वारा। अतः स्पष्ट है कि किसी भी संतुलित तारे का द्रव्यमान जितना ही अधिक होगा, उतना ही अधिक उसके केंद्रभाग का तापमान होगा। उच्च तापमान यानी तारे की

नैना से स्पष्ट कह देती है कि अन्त में त्याग की विजय होगी। गिरफ्तारी के समय जब लाला समरकान्त जमानत करना चाहते हैं, तो वह मना कर देती है। उसे जेल जाना सहर्ष स्वीकार है। इस प्रकार अपने राजनीतिक जीवन में सुखदा किसी से पीछे नहीं है। उसका महत्त्वपूर्ण योग सामूहिक क्रान्ति में स्पष्ट है।

आरम्भ की सुखदा की विलासप्रियता संस्कारजन्य ही अधिक है। एक धनी परिवार में पली हुई युवती शीघ्र ही अपने को परिस्थिति के अनुकूल मोड़ लेती है। जब अमर उससे अलग चलकर रहने का प्रस्ताव करता है, तब वह सहर्ष स्वीकार कर लेती है। अमर के चले जाने के पश्चात उसे बहुत दुख होता है, पर कुछ ही समय में वह राजनीतिक कार्यों में लग जाती है। सुखदा की उदारता उस समय दिखाई देती है, जब वह सकीना के घर स्वयं आने-जाने लगती है। उसका विचार है कि उसमें अवश्य कोई कमी होगी, तभी अमर सकीना की ओर आकृष्ट हुआ। सार्वजनिक कार्यों में भाग लेने के साथ ही वह व्यक्ति का भी पूर्ण आदर करती है। जीवन के सम्पर्क में आने वाले प्रायः सभी व्यक्तियों को वह सहानुभूति देती है, किन्तु उसका सार्वजनिक महत्त्व ही अधिक है।

प्रेमचन्द ने सुखदा के चरित्र का निर्माण एक देशसेविका के रूप में अधिक किया है। अमरकान्त और सुखदा दो स्थलों पर कार्य करते हुए देशप्रेमी हैं, जो अन्त में एक ही केन्द्र पर मिल जाते हैं।

डॉ. शान्ति कुमार : राजनीतिक जीवन में डॉ. शान्तिकुमार अमरकान्त और सुखदा से पीछे हैं। यद्यपि सेवाश्रम का आरम्भ उन्होंने ही किया था, किन्तु अपने कार्य को उस सीमा तक नहीं ले जा पाते, जहाँ तक अमर और सुखदा गए हैं। डॉ. शान्ति कुमार किसी प्रकार का खतरा नहीं मोल लेना चाहते और साधारण सा अभाव भी उन्हें निराश कर देता है। रेणुका का ट्रस्ट बन जाने पर वह किंचित आशावान होते हैं। वह त्याग कर सकते हैं। देश के प्रति उनमें कर्त्तव्यपालन की इच्छा भी है, किन्तु वह अधिक संघर्ष नहीं कर पाते। प्रेमचन्द ने डॉ. शान्तिकुमार के व्यक्तित्व को पूर्ण विकसित नहीं किया, केवल साधारण रेखाएँ देकर छोड़ दिया।

समरकान्त : लाला समरकान्त का चरित्र पूँजीवादी मनोवृत्ति का परिचय देता है। वह किसी प्रकार धन संचय करना चाहते हैं। अपने पुत्र पर भी अधिक व्यय नहीं करते। किन्तु प्रेमचन्द ने उनके रूप परिवर्तन से पाठकों के मन में उनके प्रति सहानुभूति उत्पन्न कर दी है।

सलीम : सलीम भी अन्त में जनता का साथ देकर सहानुभूति का पात्र बन जाता है। मित्र अमर के प्रति वह प्रत्येक त्याग करने को तत्पर है, किन्तु परिस्थितियों से विवश होकर ही उसे गिरफ्तार करना पड़ता है। मूलतः सलीम एक सहृदय पात्र है।

अन्य प्रमुख पात्रों में आत्मानन्द जी उग्रवादी नीति के समर्थक हैं, और जनक्रान्ति से लक्ष्य प्राप्त करना चाहते हैं। महन्तजी, ब्रह्मचारीजी धार्मिक ठेकेदारों के रूप में आए हैं। इस प्रकार पुरुष पात्र उपन्यास के उद्देश्य में सहायता करते हैं।

जानकारी मिल जाती है कि वह तारा अपने विकास-क्रम की किस स्थिति में है। खगोलविदों की गणनाओं से जानकारी मिलती है कि गैसों और धूलि-कणों के मेघ से हमारे सूर्य के आकार के तारे को जन्म लेने के लिए लगभग 5 करोड़ साल लगते हैं। हर्ट्जस्प्रंग रसेल आकृति में नवनिर्मित तारे का स्थान प्रमुख क्रम के कुछ दाईं ओर नीचे होता है। आकाश-गंगा में ऐसे अनेक नवनिर्मित तारे खोजे गए हैं। खगोलविदों का मत है कि **टी टौरी** (टी वृषभीय) किस्म के तारे ऐसे ही नवनिर्मित तारे हैं। ऐसे तारे मुख्यतः गैसों और धूलिकणों के मेघों के बीच में दिखाई देते हैं।

गैसीय मेघ के सिकुड़ने के बाद तारे को जन्म लेते हुए देख पाना सहज संभव नहीं है। क्योंकि हमारे आसपास के आकाश में 500 से 1000 वर्षों में औसतन एक तारा ही जन्म लेता होगा। परंतु खगोलविदों को 1936 ई. में मृग (ओरायन) नक्षत्र-मंडल में ऐसा एक सद्य निर्मित तारा भी दिखाई दिया। इस तारे को **एफ-यू ओरायन** नाम दिया गया है। स्मरण रहे कि तारे के केंद्रभाग में जब हाइड्रोजन के संगलन की प्रक्रिया शुरू हो जाती है तभी उस तारे की सतह से ऊर्जा का उत्सर्जन होता है और वह चमकने लगता है। तारे के केंद्र भाग का तापमान जब एक करोड़ डिग्री सेंटीग्रेड के आसपास पहुँचता है, तभी हाइड्रोजन के संगलन की प्रक्रिया शुरू होती है।

तारे के केंद्रभाग में हाइड्रोजन के संगलन की प्रक्रिया शुरू हो जाने के बाद लंबे समय तक वह तारा संतुलित अवस्था में रहता है। ऐसा संतुलित तारा हर्ट्जस्प्रंग-रसेल आकृति के प्रमुख क्रम में रहता है। जिस तारे का आरंभिक द्रव्यमान जितना ही अधिक होगा, वह तारा उतना ही हर्ट्जस्प्रंग-रसेल आकृति में ऊपरी स्थान पर दिखाई देगा।

हम बता चुके हैं कि संगलन की प्रक्रिया में हाइड्रोजन गैस के हीलियम में रूपांतरित होते रहने से ऊर्जा पैदा होती है। तारे के केंद्रभाग में लंबे समय तक संगलन की यह प्रक्रिया जारी रहने से वहाँ का हाइड्रोजन द्रव्य घटता जाता है और ताजे हाइड्रोजन की तलाश में तारे की केंद्रीय भट्ठी इसकी ऊपरी परतों की ओर बढ़ती है। तारे के केंद्रभाग में हीलियम की 'राख' जमा होती जाती है।

तारे की केंद्रीय भट्ठी, ताजे हाइड्रोजन की तलाश में, ऊपरी परतों में फ़ैलने लगती है तो तारे का आयतन और सतह-तापमान बढ़ जाता है। साथ ही तारे के केंद्रभाग में हीलियम की अधिकाधिक 'राख' जमा होती जाती है। चूँकि हीलियम का परमाणु हाइड्रोजन के परमाणु से चार गुना भारी होता है, इसलिए तारे के केंद्रभाग में हीलियम की मात्रा अधिक बढ़ जाने पर उसका संतुलन कायम नहीं रह सकता।

पता चलता है कि तारे के संपूर्ण द्रव्यमान का 12 प्रतिशत हिस्सा जब

हीलियम के रूप में इसकी केंद्रीय गुठली में जमा हो जाता है, तब उस तारे का सुस्थिर जीवन-काल समाप्त हो जाता है। इस सीमा के बाद उस तारे का आयतन बहुत अधिक बढ़ जाता है, कांतिमान भी बढ़ जाता है और वह एक **दानव तारा** बन जाता है। हर्ट्जस्प्रंग-रसेल आकृति में ऐसे दानव तारे हमें प्रमुख क्रम के दाईं ओर ऊपर दिखाई देते हैं।

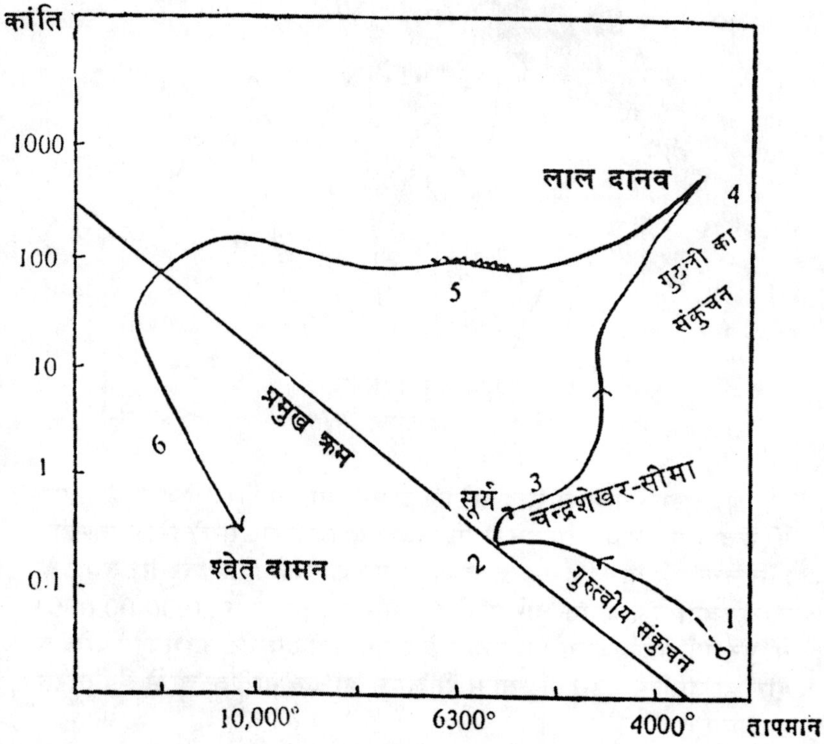

तारों के विकासक्रम का आलेख

सुप्रसिद्ध भारतीय ज्योतिर्भौतिकविद् डा. **सुब्रहमण्यम् चंद्रशेखर** (जन्म : 1910 ई.) ने ही गणित द्वारा यह सिद्ध किया है कि तारे की 12 प्रतिशत द्रव्यराशि केंद्रभाग में हीलियम की राख के रूप में जमा हो जाने पर वह तारा अपने संतुलित जीवन-काल को समाप्त करके हर्ट्जस्प्रंग-रसेल आकृति में प्रमुख ताराक्रम के दाईं ओर ऊपर सरक जाता है। खगोल-विज्ञान में तारे के विकास-क्रम के इस संधिकाल को **चंद्रशेखर-सीमा** के नाम से जाना जाता है।

सुब्रह्मण्यम् चंद्रशेखर
(जन्म : 19 अक्तूबर, 1910)

चंद्रशेखर-सीमा के बाद तारे की ढलती अवस्था शुरू हो जाती है। तारे की केंद्रीय गुठली के सिकुड़ने से जो ऊर्जा पैदा होती है उससे तारे का विस्तार होने लगता है और वह एक दानव तारा बन जाता है। यह विस्तार तब तक जारी रहता है जब तक तारे के केंद्रीय भाग का तापमान 20,00,00,000° सें. पर नहीं पहुँच जाता। तब तारे के केंद्रभाग में एक नई नाभिकीय प्रक्रिया शुरू हो जाती है। इस प्रक्रिया में हीलियम अधिक भारी तत्त्वों में रूपांतरित हो जाता है।

परिणामतः वह तारा और अधिक सिकुड़ जाता है और अंत में एक बौना तारा (श्वेत वामन तारा) बन जाता है। हर्ट्जस्प्रंग-रसेल आकृति में ऐसे श्वेत वामन तारों का स्थान प्रमुख क्रम के बाईं ओर नीचे है। स्पष्ट है कि ऐसे तारे का कांतिमान तथा तापमान बहुत कम होता है। ऐसे तारों को बुझे हुए या मरणोन्मुख तारे कहना ही बेहतर होगा।

श्वेत वामन की स्थिति पर पहुँचने के समय कुछ तारों में विस्फोट भी हो जाता है। ऐसे विस्फोटक तारों को हम **नोवा** या **सुपरनोवा** कहते हैं। कुछ विशेष परिस्थितियों में ही तारों में विस्फोट होता है। विस्फोटित तारों की द्रव्यराशि आकाश में फैल जाती है। इस द्रव्यराशि से संभवतः पुनः नए

तारे जन्म लेते हैं। अतः लगता है कि तारे के जन्म और मृत्यु का यह सिलसिला जारी रहता है।

अब हम अपने सूर्य-तारे के विकास-क्रम पर एक सरसरी नजर डालेंगे। सूर्य-तारा आकाशगंगा का एक सामान्य तारा है। आज यह हर्ट्जस्प्रंग-रसेल आकृति में इसके प्रमुख क्रम के बीच में है। अर्थात् सूर्य आज एक संतुलित तारा है।

खगोलविदों की गणनाओं के अनुसार, आज से करीब पाँच-छः अरब साल पहले, एक विशाल गैसीय मेघ के रूप में सूर्य का जन्म हुआ था। करीब 5 करोड़ साल की अवधि में सिकुड़ने के बाद इसने एक तारे का रूप धारण किया, यानी इसके केंद्रीय भाग में हाइड्रोजन के संगलन की प्रक्रिया शुरू हुई। तब से सूर्य हर्ट्जस्प्रंग-रसेल आकृति के प्रमुख क्रम में है और लगभग एक संतुलित तारा है।

सूर्य की वर्तमान स्थिति के बारे में खगोलविद् हमें जानकारी देते हैं कि अब तक इसकी द्रव्यराशि का केवल 6 प्रतिशत हाइड्रोजन हीलियम में रूपांतरित हुआ है। आज सूर्य के केंद्रभाग की भट्ठी का तापमान लगभग 1,60,00,000^0 सें. है और इसका सतह-तापमान लगभग 6000^0 सें. है।

चूँकि सूर्य अपनी द्रव्यराशि का केवल 6 प्रतिशत हाइड्रोजन ही हीलियम में रूपांतरित कर चुका है, इसलिए सूर्य आज अपनी प्रौढ़ावस्था में है। लेकिन आज से करीब 6 अरब साल बाद यह 12 प्रतिशत की चंद्रशेखर-सीमा पर पहुँच जाएगा। तब, जैसा कि हम बता चुके हैं, इसका आकार और तापमान बहुत अधिक बढ़ जाएगा। खगोलविद् हमें जानकारी देते हैं कि तब सूर्य के गोले का अर्धव्यास आज के सूर्य के अर्धव्यास से करीब 30 गुना अधिक होगा।

आज सूर्य के गोले का अर्धव्यास 7 लाख किलोमीटर है। यह अर्धव्यास 30 गुना बढ़ जाएगा, यानी छः अरब साल के बाद हमारे सूर्य का अर्धव्यास करीब 210 लाख किलोमीटर हो जाएगा। इस बात की भी संभावना है कि सूर्य का आकार और अधिक बढ़ जाए और तब बुध, शुक्र और पृथ्वी इसके उदर में समा जाएँ!

छह अरब साल की उस भयावह स्थिति में हमारी पृथ्वी और इसके जीव-जगत का क्या हाल होगा, इसका सहज ही अनुमान लगाया जा सकता है। आज पृथ्वी का औसत तापमान 20^0 सें. है, परंतु सूर्य की चंद्रशेखर-सीमा के बाद यह तापमान 500^0 सें. से भी ऊपर पहुँच जाएगा। धरती के सागर उबलकर उड़ जाएँगे और सीसे-जैसी धातुएँ भी पिघलने लग जाएँगी।

स्पष्ट है कि उस विकट अवस्था में धरती का समस्त जीव-जगत नष्ट

हो जाएगा। लेकिन चिंता की कोई बात नहीं। करीब 3 अरब साल पहले इस धरती पर प्राथमिक किस्म के जीवों का प्रादुर्भाव हुआ था। अधिक-से-अधिक 20 लाख साल पहले इस धरती पर, विकास के अंतर्गत, आदिम मानव अस्तित्व में आया। धरती का यह मानव, बीच में यदि अपने ही हाथों अपना विनाश न कर ले तो, आगे के छह अरब साल तक अपना अस्तित्व कायम रख ही सकता है। क्या यह कम बात है ?

छह अरब साल के दीर्घकाल में मानव का भी गुणात्मक विकास होगा। इस विकास के अंतर्गत उसके अस्तित्व को टिकाए रखने के नए साधन अवश्य ही खोज लिए जाएँगे।

आकाश में अरबों तारे हैं। जिस प्रकार हमारे सूर्य-तारे की ग्रह-मालिका है, उसी प्रकार अन्य हजारों तारों की अपनी ग्रह-मालिकाएँ हो सकती हैं। जिस प्रकार अनुकूल भौतिक परिस्थितियों में, हमारे ग्रह पर जीव-जगत का प्रादुर्भाव एवं विकास हुआ, उसी प्रकार उन हजारों अन्य ग्रहों पर भी विभिन्न किस्म के जीवों का प्रादुर्भाव एवं विकास हुआ होगा। लेकिन तारों के विकास-क्रम के अध्ययन से स्पष्ट होता है कि सबका 'अंत' अवश्यंभावी है। पर इस अंत को हमें विकास का एक दौर ही समझना चाहिए।

प्रमुख तारों की पहचान

इस दुनिया में तारों-भरे आकाश-जैसा आकर्षक नजारा और कोई नहीं। महस्राब्दियों से धरती का मानव बड़े कुतूहल से आकाश के तारों को निहारता और उनका अध्ययन करता आया है। फिर भी तारों के बारे में मानव का कुतूहल घटा नहीं, बढ़ा ही है।

नक्षत्रों का परिचय खगोल-विज्ञान के अध्ययन की पहली सीढ़ी है। आदिम मानव ने कुतूहलवश आकाश के तारों की गति-स्थिति का अध्ययन शुरू कर दिया था। फिर, उसे जब पता चला कि आकाश के तारों से दिशा तथा काल का ज्ञान होता है, तो उसने इनका अधिक गहराई से अध्ययन किया। आदिम मानव ने आकाश के तारक-समूहों में विविध प्रकार की आकृतियों की कल्पना की और इन्हें नाम दिए। ये नाम आज भी प्रचलित हैं।

हम बता चुके हैं कि सूर्य, चंद्र और ग्रह आकाश के एक विशेष पट्टे—**रविमार्ग** या **क्रांतिवृत्त**—में परिक्रमा करते हैं; इसलिए पुराने जमाने के ज्योतिषियों ने इस क्रांतिवृत्त के तारों का विशेष अध्ययन किया था। प्राचीन काल में ही आकाश के तारों को 27 या 28 तारक-समूहों या नक्षत्र-मंडलों में बाँटा गया था। वैदिक साहित्य में हमें इन नक्षत्रमंडलों के नाम देखने को मिलते हैं। बहुत बाद में जाकर, संभवतः पाश्चात्य ज्योतिष के प्रभाव के अंतर्गत, क्रांतिवृत्त के तारों को 12 राशियों में विभाजित किया गया था।

पृथ्वी के किसी भी एक स्थान पर खड़ा व्यक्ति आकाश के सभी तारों को नहीं देख सकता। वह सिर्फ एक निश्चित समय में एक अर्धगोल के तारे ही देख सकता है। चूँकि आकाश का गोल (खगोल) एक दिन में अपने खगोलीय अक्ष पर परिक्रमा करता दिखाई देता है (पृथ्वी की धुरी-गति के कारण), इसलिए रात-भर में एक स्थान से भी खगोल के काफी तारे देखे जा सकते हैं।

फिर भी, एक स्थान से सभी तारों को देख पाना संभव नहीं है। उत्तरी कटिबंध के स्थानों से दक्षिणी खगोल के तारों को नहीं देखा जा सकता।

प्रेमचन्द ने इस चरित्र की सारी रूपरेखा स्वाभाविक भूमि पर अंकित की है। बस केवल रमानाथ का अन्तिम सुधार आश्चर्यजनक अवश्य है। परन्तु यह तो प्रेमचन्द की उस आदर्शवादिता का परिणाम है, जिसकी झलक हम उनके सभी उपन्यासों में पाते हैं। इसके प्रति हमें आश्चर्य नहीं होता।

जालपा : जालपा उस धातु की बनी है जिसे किसी भी साँचे में ढाला जा सकता है। वह अपने परिवार से आभूषणप्रियता का संस्कार लेकर आई है, परन्तु रमानाथ चाहता तो उसकी इस वृत्ति का निवारण कर सकता था। जालपा जब कभी रमानाथ को चिन्तित देखती है, तभी उसकी चिन्ता का कारण पूछती है। उसे यह आभास मिल गया है कि रमानाथ उससे सारी बात नहीं कहता। जब कभी सत्य का कोई अंश रमानाथ से जालपा को मिल जाता है, वह तुरन्त रमानाथ का साथ देती है और उसे संकट से बचा लेती है। तात्पर्य यह कि जालपा के चरित्र में कोई मूलभूत विकृति नहीं है। रमानाथ और जालपा दोनों ही वास्तविकता से दूर हैं, परन्तु दोनों में अन्तर यह है कि जालपा वास्तविकता के समीप पहुँचने का निरन्तर प्रयत्न करती है जबकि रमानाथ सदैव उससे दूर ही भागता रहता है। इस दृष्टि से भी रमानाथ की अपेक्षा जालपा का चरित्र अधिक सम्भावनावान है। वह जब तक अँधेरे में है तब तक वह प्रकाश के लिए सदैव समुत्सुक है और एक बार जब परिस्थितियाँ उसे अच्छी तरह झकझोर कर वस्तुस्थिति का आभास दे देती हैं, तब वह अपने जीवन का नया अध्याय आरम्भ करती है। जालपा का चरित्र-परिवर्तन अस्वाभाविक नहीं प्रतीत होता। इतना अवश्य है कि प्रेमचन्द ने उसे एक दुर्बल मानवी से सहसा एक अलौकिक दिव्यता दे दी है, जो कुछ अतिरंजित प्रतीत होती है। यदि प्रेमचन्द उसकी दुर्बलताओं का निरसन कर उसे एक निर्दोष मानवी के रूप में ही अंकित करते, तो अधिक अच्छा होता।

अन्य पात्र : देवीदीन के चरित्रांकन में भी प्रेमचन्द ने एक वैचित्र्य की योजना की है। वह घर के काम से प्रायः विरक्त रहता है। सब कुछ उसकी पत्नी ही करती है। अत्यन्त स्वल्पशिक्षित और साधारण स्थिति का व्यक्ति होते हुए भी अपने दोनों पुत्रों को राष्ट्रीय सेवा के कार्य में लगा देता है। किसी भी परिचित-अपरिचित व्यक्ति के प्रति उसकी संवेदना सदैव जागृत रहती है और अपनी शक्ति-भर वह सबकी सहायता करना चाहता है। सीमा के बाहर उत्साह और असीम अकर्मण्यता दोनों उसके चरित्र के साथ-साथ व्यक्त हुए हैं। इसके अनोखे चरित्र के प्रति प्रेमचन्द ने बड़ी दिलचस्पी दिखाई है।

रतन विलासिता में पली एक वृद्ध पुरुष की युवती भार्या है। उसे हर काम के लिए पूरी छूट दी गई है, मानो इसी के बदले में वह भी अपने वृद्ध पति के प्रति अत्यधिक कर्त्तव्यपरायण बन गई है। स्वतन्त्रता और स्वच्छन्दता भी कर्त्तव्यनिष्ठा की प्रेरक होती हैं, यह उसके चरित्र में प्रदर्शित किया गया है। पति के बीमार होने और अन्त में उसकी मृत्यु हो जाने के पश्चात रतन के जीवन में वैराग्य और साधना की वृत्तियाँ जन्म लेती हैं। कुल मिलाकर यह चरित्र कतिपय स्पष्ट मनोवैज्ञानिक रेखाओं द्वारा अंकित है और

की स्थितियाँ निर्धारित करने के लिए कई प्रकार के निर्देशांकों का इस्तेमाल होता है। उनकी मदद से तारों की स्थिति जानने में आसानी होती है। लेकिन हम उन गहराइयों में नहीं जाएँगे।

यहाँ हम अपने पाठकों को मृग नक्षत्र-मंडल तथा उसके आसपास के तारों का और सप्तर्षि मंडल तथा उसके आसपास के तारों का थोड़ा परिचय कराएँगे। गाँव के किसान भी इन दो नक्षत्र-मंडलों को पहचानते हैं। इन दो नक्षत्र-मंडलों का परिचय हो जाने पर एटलस की सहायता से अन्य तारों को भी पहचानना आसान हो जाता है। हमारे देश से शीत ऋतु में मृग नक्षत्र-मंडल और आसपास के तारों को और गरमी के दिनों में सप्तर्षि के तारों को आसानी से पहचाना जा सकता है।

मृग नक्षत्र-मंडल और आसपास के तारे

दिसंबर-जनवरी के महीनों में सिर के ऊपर नजदीक-नजदीक लगभग एक सीधी रेखा में तीन तारे दिखाई देते हैं। इन्हें हम **त्रिकांड** कहते हैं। ये मृग नक्षत्र-मंडल के तारे हैं। चूँकि देहात के किसान भी इस त्रिकांड को पहचान लेते हैं, इसलिए इन्हें खोजने में दिक्कत नहीं होगी।

अब पृष्ठ 103 के चित्र की मदद से मृग नक्षत्र-मंडल तथा आसपास के नक्षत्रमंडलों के प्रमुख तारों को पहचानने में कठिनाई नहीं होगी। इस चित्र को ठीक दिशाओं में सिर के ऊपर धारण करके देखने से आसपास के तारों को पहचानने में सुविधा होगी।

मृग नक्षत्र-मंडल का **आर्द्रा** तारा लाल रंग का है। पाश्चात्य ज्योतिष में इसे **बेलगुज़** (अरबी नाम) या **अल्फा-ओरायनीज़** कहते हैं। यह एक महादानव तारा है। खगोलविदों ने पता लगाया है कि इस तारे का व्यास हमारे सूर्य के व्यास (14 लाख किलोमीटर) से 450 गुना अधिक है। आर्द्रा तारा यदि हमारे सूर्य का स्थान ले लेता है, तो इसके उदर में न केवल बुध और शुक्र ग्रह, बल्कि हमारी पृथ्वी तथा मंगल की कक्षा भी समा जाएगी। आर्द्रा एक चरकांति तारा है। यह प्रथम कांतिमान का तारा है। आर्द्रा तारा हमसे 300 प्रकाश-वर्ष दूर है।

त्रिकांड की एक तरफ यह आर्द्रा तारा है, तो दूसरी तरफ उतनी ही दूरी पर उससे भी कुछ अधिक चमकीला नीले-सफेद रंग का **कालपुरुष** या **द्वितीय मृग** (राइगेल) नामक तारा है। इस महादानव तारे का व्यास सूर्य के व्यास से 33 गुना अधिक है और इसका सतह-तापमान $13{,}000^{0}$ सें. है। पहले हम बता चुके हैं कि यह तारा अपनी प्रति सेकंड 80 अरब टन द्रव्यराशि को ऊर्जा में बदल देता है। अत: आगे के एक करोड़ वर्षों में ही यह बुझ जाएगा।

दूरबीन से देखने पर पता चलता है कि मृग नक्षत्र का यह कालपुरुष तारा दरअसल तीन तारों की संयोजना है। ये तारे हमसे 540 प्रकाश-वर्ष दूर हैं। इनके अलावा मृग नक्षत्र-मंडल में त्रिकांड के दोनों ओर दो प्रमुख तारे हैं।

त्रिकांड के तीन तारे भी अपने में कम रोचक नहीं हैं। इनमें से सिरे पर के दो तारे O वर्णक्रम-वर्ग के हैं और इनका सतह-तापमान 25,000° सें. से भी ऊपर है।

आकाश साफ हो तो त्रिकांड के कुछ नीचे हम अपनी कोरी आँखों से भी धुँधला-सा एक प्रकाश-पुंज देख सकते हैं। यह **मृग नीहारिका** (ओरायन नेबुला) है। हम बता चुके हैं कि गैसों और धूलि-कणों के विशाल मेघ को नीहारिका कहते हैं। यह मृग नीहारिका हमारी आकाशगंगा के भीतर है और हमसे करीब 1300 प्रकाश-वर्ष दूर है। इस नीहारिका का व्यास करीब 18 प्रकाश-वर्ष है और इसकी द्रव्यराशि का घनत्व बहुत ही कम है—इतना कम कि इसके 100 घन किलोमीटर स्थान में सिर्फ एक मिलीग्राम द्रव्य होगा! फिर भी संपूर्ण नीहारिका में इतना अधिक द्रव्य है कि इससे हमारे सूर्य के आकार के लगभग एक हजार तारे जन्म ले सकते हैं!

मृग नीहारिका में हमें कई अतितप्त तारे दिखाई देते हैं, जिनकी कांति से यह नीहारिका चमकती है। ये तरुण तारे हैं। अतः इस सिद्धांत को बल मिलता है कि ऐसी नीहारिकाओं की द्रव्यराशि से ही नए तारों का जन्म होता है।

मृग नक्षत्र-मंडल के पीछे **बृहद् श्वान** नक्षत्र-मंडल है। इस नक्षत्र-मंडल का प्रमुख तारा है **व्याध या लुब्धक**। वैदिक साहित्य में इस तारे के लिए 'दिव्यश्वान' शब्द भी देखने को मिलता है। पाश्चात्य ज्योतिष में इसे **सिरियस** कहते हैं।

लुब्धक आकाश का सबसे चमकीला तारा है। इसका दृष्ट कांति-कांतिमान – 1.6 है। लेकिन यह अपेक्षाकृत नज़दीक का तारा है। यह हमसे 9 प्रकाश-वर्ष दूर है। यदि कोई अंतरिक्ष-यान प्रति सेकंड 100 किलोमीटर के वेग से भी यात्रा करता है तो लुब्धक के नजदीक पहुँचने में उसे 30,000 साल लगेंगे। इस तारे का सतह-तापमान 10,000° सें. है।

लुब्धक एक युग्म तारा है। सबसे पहले 1844 ई. में जर्मन गणितज्ञ **बेस्सेल** ने सिर्फ इस तारे की गति के आधार पर गणना करके निर्धारित किया था कि इस तारे की परिक्रमा करनेवाला कोई अन्य तारा इसके समीप होना चाहिए। 18 साल बाद इस साथी तारे को खोजा गया, तो बेस्सेल की गणितीय गणनाओं को समर्थन मिला। लुब्धक का साथी तारा एक श्वेत वामन तारा है। दरअसल, सबसे पहले इसी श्वेत वामन तारे की खोज हुई थी (देखिए, पृ. 34)।

बृहद् श्वान-मंडल में और भी अनेक अद्भुत तारे हैं। इस नक्षत्र-मंडल में एक तरफ अत्यंत तरुण तारे हैं, तो दूसरी तरफ महादानव तारे भी है। पर इन्हें दूरबीन से ही देखा जा सकता है। श्वान की आकृति बनानेवाले पाँच प्रमुख तारों को आसानी से पहचाना जा सकता है।

मृग के पीछे बृहद् श्वान-मंडल है, तो इसके आगे **वृषभ तारा-मंडल** है। त्रिकांड की सीधी रेखा में पीछे की ओर जितनी दूर लुब्धक तारा है, उतनी ही दूर सामने **रोहिणी** का तारा है। रोहिणी तारे के थोड़े आगे **कृत्तिका** के छः-सात तारों का समूह है। रोहिणी और कृत्तिका के तारे वृषभ नक्षत्र-मंडल में हैं।

इन तारों की स्थिति कुछ ऐसी है कि मृग रोहिणी का पीछा करता दिखाई देता है और लुब्धक मृग का पीछा करता दिखाई देता है। हमारे प्राचीन साहित्य में रोहिणी, मृग और लुब्धक (श्वान) के बारे में एक रोचक कथा भी है।

पीले-नारंगी रंग का **रोहिणी** तारा हमसे करीब 60 प्रकाश-वर्ष दूर है और यह प्रथम कांतिमान का तारा है। रोहिणी के आसपास हमें कई तारे दिखाई देते हैं। ये **हायडेस तारा-गुच्छ** के तारे हैं। यह एक गतिशील तारा-गुच्छ है। ये तारे हमें आर्द्रा तारे की ओर गतिशील दिखाई देते हैं। लेकिन वास्तव में ये समानांतर में गतिशील हैं। हायडेस तारा-गुच्छ हमसे सबसे नजदीक का तारा-गुच्छ है, फिर भी यह हमसे 125 प्रकाश-वर्ष दूर है।

रोहिणी का तारा इस हायडेस तारा-गुच्छ का सदस्य नहीं है। यह एक दानव तारा है और इसका व्यास सूर्य के व्यास से 30 गुना अधिक है।

रोहिणी के आगे **कृत्तिका** के तारों का गुच्छ है। वैदिक साहित्य में कृत्तिका के सात तारों के नाम मिलते हैं। लेकिन दूरबीन से इस गुच्छ में तीन सौ से भी ऊपर तारे देखे जा सकते हैं। यह खुला तारा-गुच्छ हमसे करीब 400 प्रकाश-वर्ष दूर है। खगोलविदों की जानकारी के अनुसार इस तारा-गुच्छ के तारे काफी तरुण हैं। इनकी आयु 25 लाख साल से अधिक नहीं है। अतः हम कह सकते हैं कि कृत्तिका के तारे लगभग उतने ही पुराने हैं, जितना कि धरती का मानव।

वृषभ नक्षत्र-मंडल में एक और अद्भुत ज्योति-पुंज है। यह है **कर्क नीहारिका** (क्रैब नेबुला)। 1024 ई. में वृषभ नक्षत्र-मंडल के इस स्थान पर एक तारे में विस्फोट हुआ था, यानी एक **सुपरनोवा** प्रकट हुआ था। कर्क नीहारिका उसी सुपरनोवा की फैली हुई द्रव्यराशि है। आज भी इस नीहारिका की द्रव्यराशि सभी दिशाओं में 1000 किलोमीटर प्रति सेकंड के वेग से फैल रही है। दूरबीन से लिए गए इस नीहारिका के चित्र केकड़े के

आकार के दिखाई देते हैं, इसीलिए इसे कर्क नीहारिका का नाम दिया गया है। इस नीहारिका से शक्तिशाली रेडियो-विकिरण का उत्सर्जन होता है, जिसे धरती की रेडियो दूरबीनें ग्रहण करती हैं। फ्रांसीसी खगोलविद् **मेसिए** ने नीहारिकाओं की जो सूची तैयार की थी, उसमें इस कर्क नीहारिका को प्रथम स्थान (M 1) दिया गया है।

मृग के पूर्व में **लघु श्वान-मंडल** है, जिसका प्रमुख तारा **प्रथम लघु श्वान** (पाश्चात्य ज्योतिष में **प्रोसियोन**) कहलाता है (देखिए, चित्र)। यह तारा कई बातों में बृहद् श्वान मंडल के लुब्धक तारे-जैसा ही है। प्रोसियोन पीले रंग का तारा है, हमसे लगभग 10 प्रकाश-वर्ष दूर है और यह हमारे सूर्य से कुछ बड़ा है। इसका सतह-तापमान 7000^0 सें. है।

लुब्धक की तरह प्रोसियोन का भी एक साथी तारा है, जो एक श्वेत वामन तारा है। बेस्सेल ने ही सबसे पहले इस तारे के अस्तित्व की जानकारी दी थी।

आकाश में मृग नक्षत्र मडल के उत्तर-पूर्व में **मिथुन मंडल** है। इसका स्थान राशिचक्र (रविपथ) में है। मृग नक्षत्र के द्वितीय मृग (राइगेल) तारे से आर्द्रा तारे की ओर जानेवाली सीधी रेखा को आगे बढ़ाया जाए, तो यह मिथुन के **कैस्टर** (प्रथम मिथुन) तारे के पास पहुँच जाती है। इसके कुछ नजदीक **पोलक्स** (द्वितीय मिथुन) तारा है। कैस्टर और पोलक्स इस नक्षत्र-मंडल के प्रमुख तारे हैं।

यूनानी आख्यान के अनुसार, कैस्टर और पोलक्स जुड़वाँ भाई थे। मिथुन का भी अर्थ है—जोड़ी या संयोजन। लेकिन विज्ञान काल्पनिक मानवीय आख्यानों की कोई परवाह नहीं करता। खगोल-विज्ञान की दृष्टि से इन दो तारों में कोई साम्य नहीं है। कैस्टर एक अद्भुत तारा है, तो पोलक्स एक सामान्य तारा। पोलक्स हमसे 31 प्रकाश-वर्ष दूर है, तो कैस्टर 44 प्रकाश-वर्ष दूर। इस प्रकार, ये दो तारे एक-दूसरे से करीब 10,00,00,00,00,00,000 किलोमीटर दूर हैं।

छोटी दूरबीन से भी देखने पर पता चल जाता है कि कैस्टर एक युग्म तारा है। दो तारे—कैस्टर-अ और कैस्टर-ब—अतितप्त दानव तारे हैं। और एक तारा—कैस्टर-क—इनकी परिक्रमा करता है। यह एक शीतल बौना तारा है। इतना ही नहीं, इनमें से प्रत्येक तारा एक युग्म तारा है। इस प्रकार हम देखते हैं कि कैस्टर दरअसल छः तारों का एक परिवार है।

मिथुन नक्षत्र-मंडल में और भी तारे हैं। दूरबीन से इसमें और भी अधिक तारे दिखाई देंगे।

मृग के सामने, वृषभ के और आगे, **प्रजापति** (औराइगा) नक्षत्र-मंडल है। इस नक्षत्र-मंडल के प्रमुख तारे को **ब्रह्महृदय** (पाश्चात्य ज्योतिष में

कैपेल्ला) नाम दिया गया है। पीले रंग का यह तारा हमसे लगभग 50 प्रकाश-वर्ष दूर है और इसका कांतिमान 0.2 है। दरअसल, ब्रह्महृदय एक युग्म तारा है। प्रजापति नक्षत्र-मंडल में कई ग्रहणकारी चरकांति तारे और खुले तारा-गुच्छ हैं।

प्रजापति नक्षत्र-मंडल के और आगे **परशु** (परस्युस) नक्षत्र-मडल है। इस नक्षत्र-मंडल के प्रसिद्ध **अलगूल** तारे के बारे में हम जानकारी दे चुके हैं। यह एक ग्रहणकारी चरकांति तारा है।

मृग नक्षत्र-मंडल के पीछे, राइगेल तारे के पीछे, लंबा **वैतरणी** (एरिदानस) नक्षत्र-मंडल है। इस नक्षत्र-मंडल का **बीटा** तारा मृग नक्षत्र के कालपुरुष (राइगेल) तारे के काफी नजदीक है। इस नक्षत्र-मंडल के तारे कुछ-कुछ एक नाव-सी आकृति बनाते हैं, इसीलिए इसे वैतरणी नाम दिया गया है। इस नक्षत्र-मंडल का प्रमुख तारा **आखरनार** (वैतरणी अन्त) है। 0 6 कांतिमान का यह नीला तारा हमसे 70 प्रकाश-वर्ष दूर है। इस नक्षत्र मंडल का **इप्साइलोन** तारा हमसे 10 प्रकाश-वर्ष दूर है और खगोलविदों का अनुमान है कि इस तारे की अपनी ग्रह-मालिका होनी चाहिए।

यही हैं मृग नक्षत्र-मंडल और आसपास के प्रमुख तारे।

ध्रुव, सप्तर्षि-मंडल और आसपास के परिध्रुव तारे (चित्र : पृष्ठ 89)

हमारी पृथ्वी की दो प्रमुख गतियाँ हैं। यह एक विशाल कक्षा में एक वर्ष में सूर्य की एक परिक्रमा पूरी करती है। पृथ्वी की धुरी इस कक्षा के समतल के साथ लगभग 67 अंशों का कोण बनाती है या इस समतल के लंब के साथ 23 अंशों का कोण बनाती है।

पृथ्वी की दूसरी गति है—धुरी-परिक्रमा, जो वह एक दिन में पूरी करती है। पृथ्वी की इस धुरी-परिक्रमा के कारण पूरा खगोल हमें 24 घंटों में एक परिक्रमा पूरी करता दिखाई देता है और पृथ्वी की वार्षिक गति के कारण तारों की पृष्ठभूमि में सूर्य हमें सरकता दिखाई देता है या प्रतिदिन तारे हमें चार मिनट पहले उदित या अस्त होते दिखाई देते हैं। यही कारण है कि ऋतुओं के अनुसार आकाश में तारे अपना स्थान बदलते रहते हैं।

पृथ्वी की धुरी का उत्तरी सिरा खगोल के एक निश्चित बिंदु की ओर निर्देश करता है, इसलिए खगोल में उस बिंदु के पास यदि कोई तारा है तो वह सालभर हमें लगभग एक ही स्थान पर स्थिर दिखाई देगा। और उस बिंदु के आसपास के तारे हमें उसकी परिक्रमा करते दिखाई देंगे।

आज खगोलीय उत्तरी ध्रुव के पास एक तारा है और उसे हम **ध्रुवतारा** कहते हैं। पृथ्वी के विषुववृत्त के उत्तर में हम जितने ऊँचे अक्षांश में होंगे,

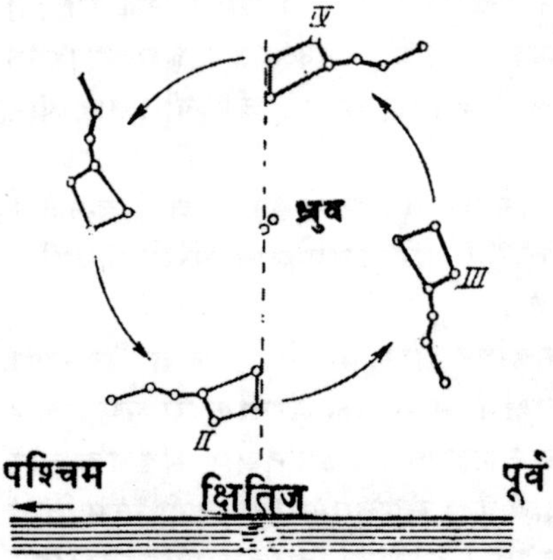

सप्तर्षि-मंडल एक दिन में ध्रुव तारे का एक चक्कर लगाता है।

ध्रुवतारा हमें उत्तरी आकाश में क्षितिज के उतने ही ऊपर दिखाई देगा। यदि हमारे स्थान का उत्तरी अक्षांश 40^0 है, तो उत्तरी आकाश में ध्रुवतारा भी हमें क्षितिज के 40^0 ऊपर दिखाई देगा। और ऐसे स्थान में ध्रुवतारे के आसपास के तारे हमें इसकी परिक्रमा करते दिखाई देंगे। इन्हें **परिध्रुव तारे** कहते हैं।

उत्तरी भारत से ध्रुव तारे को स्पष्ट देखा जा सकता है। सप्तर्षि के तारे इसकी परिक्रमा करते दिखाई देते हैं, लेकिन रात-भर उन्हें हम नहीं देख सकते। उत्तरी यूरोप में ध्रुवतारा अधिक ऊँचाई पर रहता है और सप्तर्षि के तारों को रात-भर देखा जा सकता है। उत्तरी ध्रुव पर ध्रुवतारा ठीक सिर के ऊपर (शिरोबिंदु पर) दिखाई देगा।

ध्रुवतारा और बालक ध्रुव की कथा से सभी भारतीय परिचित हैं। देहातों के किसान भी ध्रुवतारे को पहचानते हैं। परंतु तारों की पहचान के लिए सप्तर्षिमंडल के तारों से ही अध्ययन आरंभ करना बेहतर होगा।

आँखों से भी **सप्तर्षि मंडल** में लगभग सौ तारे देखे जा सकते हैं, परंतु इनमें सात तारे अधिक स्पष्ट हैं। इसीलिए इन्हें सप्तर्षि कहते हैं। पाश्चात्य ज्योतिष में ये 'बड़े भालू' के तारे कहलाते हैं, क्योंकि इनसे जैसे-तैसे एक काल्पनिक भालू की आकृति बनती है। **ऋग्वेद** में इन तारो को **ऋक्षा** (रीछ या भालू) कहा गया है। बाद के साहित्य में इन्हें सप्तर्षि कहा गया। लेकिन ठीक किन सात ऋषियों को सप्तर्षि माना जाए, यह स्पष्ट नहीं है। **महाभारत** के अनुसार ये सात ऋषि हैं—मरीचि, अत्रि, अंगिरा, पुलह, क्रतु, पुलस्त्य और वसिष्ठ।

आधुनिक पाश्चात्य ज्योतिष में सप्तर्षि के इन तारों को अल्फा (क्रतु), बीटा (पुलह), गामा (पुलस्त्य), डेल्टा (अत्रि), इप्साइलोन (अंगिरा), जेटा (वसिष्ठ) और एटा (मरीचि), इन यूनानी अक्षरों से पहचाना जाता है। मध्ययुग के अरबी ज्योतिषियों ने इन सातों तारों को स्वतंत्र नाम दिए थे। इनमें से मिजार (वसिष्ठ) तथा उसके समीप के अलकोर (अरुंधती) तारों के नामों का अक्सर इस्तेमाल होता है।

पुरातन काल में सप्तर्षि के तारों को 'ऋक्षा' नाम भले ही दिया गया हो, परंतु इनमें रीछ-जैसी कोई आकृति दिखाई नहीं देती। सामने के चार तारे एक चतुर्भुजाकृति बनाते हैं और शेष तीन तारे मुड़े हुए हैंडल-जैसे हैं। बहरहाल, यदि इन तारों की आकृति को उल्टा करके देखा जाए तो ये हमें हैंडलवाले एक बर्तन की आकृति-जैसे दिखाई देंगे।

चूँकि भारत से इन सप्तर्षियों को ध्रुवतारे के नीचे क्षितिज के ऊपर देख पाना संभव नहीं है, इसलिए हैंडलवाला यह काल्पनिक बर्तन हमें उलटा ही दिखाई देगा। ऐसी स्थिति में सप्तर्षि के चतुर्भुज के सामने के दो तारे **क्रतु** (अल्फा) और **पुलह** (बीटा) हैं : इनमें क्रतु नीचे है और पुलह ऊपर।

पुलह और ऋतु में से एक सीधी रेखा को क्रतु की ओर आगे बढ़ाया जाए तो इन दो तारों की दूरी के पाँच गुना अंतर पर हमें द्वितीय कांतिमान का ध्रुवतारा दिखाई देगा। ध्रुवतारे को पहचानने का यही सबसे सुगम तरीका है।

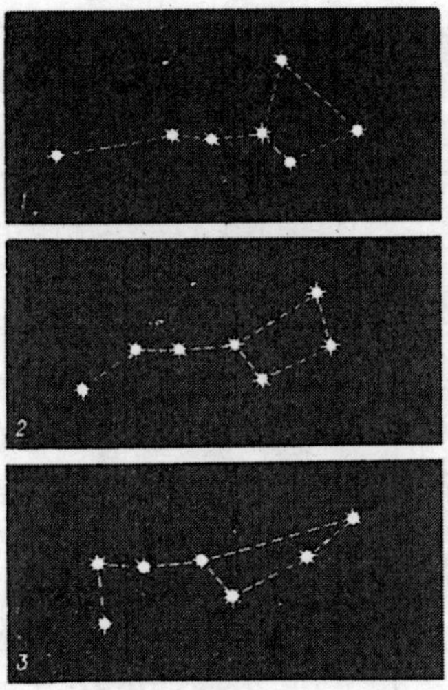

सप्तर्षि-मंडल की तीन स्थितियां

(1) दो लाख-वर्ष पहले

(2) वर्तमान समय में

(3) दो लाख वर्ष बाद

सप्तर्षि का अत्रि (डेल्टा) तारा 3.6 कांतिमान का है। शेष छह तारे लगभग द्वितीय कांतिमान के हैं। आकाशगंगा के अन्य सभी तारों की तरह सप्तर्षि के तारे भी गतिशील हैं। क्रतु और मरीचि तारे एक दिशा में गतिशील हैं, तो शेष पाँच तारे विपरीत दिशा में। अतः आज से हजारों साल पहले सप्तर्षियों की स्थिति ठीक आज-जैसी नहीं थी और हजारों साल बाद यह आज-जैसी नहीं रहेगी।

सप्तर्षि-मंडल के वसिष्ठ तथा इसके समीप के अरुंधती तारे के बारे में विस्तृत जानकारी हम पहले दे चुके हैं (देखिए, पृष्ठ 62)।

दूरबीन से सप्तर्षि-मंडल में कई नीहारिकाओं और मंदाकिनियों को भी देखा जा सकता है। इनमें से एक नीहारिका (M 97) हमसे लगभग 8000 प्रकाश-वर्ष दूर है, फिर भी यह हमारी आकाशगंगा में ही है। लेकिन सप्तर्षि-मंडल में दिखाई देनेवाली मंदाकिनियाँ हमारी आकाशगंगा के बाहर बहुत दूर हैं। उदाहरणार्थ, वसिष्ठ तारे के नजदीक दिखाई देनेवाली

मंदाकिनी (M101) अरबों तारों की एक स्वतंत्र योजना है। यह मंदाकिनी हमसे 80 लाख प्रकाश-वर्ष दूर है।

सप्तर्षि-मंडल के दो तारों की सहायता से ध्रुवतारे को पहचानने का तरीका हम बता चुके हैं। ध्रुवतारा सप्तर्षि-मंडल में नहीं बल्कि **लघु सप्तर्षि-मंडल** में है। भौतिक गुणधर्मों की दृष्टि से यह एक सामान्य तारा है। यह एक महादानव तारा है। इसका व्यास सूर्य के व्यास से 120 गुना अधिक है। ध्रुवतारे का सतह-तापमान 7000 सें. है। यह सैफियरी किस्म का चरकांति तारा है। इसका औसत कांतिमान 2.0 है।

पुराने आख्यानों में यकीन करके हम मान लेते हैं कि ध्रुवतारा अचल या स्थिर है और यह खगोल के ठीक उत्तरी ध्रुव पर है। पर यह सही नहीं है। ध्रुवतारा खगोलीय ध्रुव-बिंदु से करीब 1° दूर है। यह तारा उस बिंदु का चक्कर लगाता है। दरअसल, उस असली ध्रुव-बिंदु के अधिक समीप एक अन्य तारा है, पर उसे हम दूरबीन से ही देख सकते हैं।

ध्रुवतारे के बारे में दूसरी प्रमुख बात यह है कि यह एक अस्थायी ध्रुवतारा है। पहले हम बता चुके हैं कि पृथ्वी की एक विशेष गति—अयन गति—के कारण इसकी धुरी डोलती रहती है। फलतः पृथ्वी की धुरी का उत्तरी सिरा (खगोल का वास्तविक उत्तरी ध्रुव-बिंदु) 26,000 वर्षों में एक चक्कर लगाता है। अतः आकाश का उत्तरी ध्रुव निरंतर बदलता रहता है।

पृथ्वी की धुरी का उत्तरी सिरा खगोल के जिस बिंदु की ओर निर्देश करता है वहाँ या उसके समीप कोई चमकीला तारा हो, तो उसे ही ध्रुवतारा मान लिया जाता है। आज लघु सप्तर्षि मंडल के अल्फा तारे को ध्रुव तारे का यह सम्मान प्राप्त है, परंतु आज से करीब तीन हजार साल पहले, वेदों की रचना के समय, लघु सप्तर्षि मंडल का 'बीटा' तारा ध्रुवतारा था। अतः स्पष्ट है कि वैदिक काल का ध्रुवतारा आज का ध्रुवतारा नहीं है।

आज से करीब तीन हजार साल पहले लघु सप्तर्षि मंडल का 'बीटा' तारा ध्रुवतारा था, इसके लिए स्पष्ट सबूत यह है कि अरबी ज्योतिष में इसे कुतुब-अल-शुमाली (उत्तर का तारा) कहते हैं। चीन में लघु सप्तर्षि के 'बीटा' तारे को 'राज-नक्षत्र' कहते थे। आज से कुछ हजार साल बाद कोई अन्य तारा ही ध्रुवतारा कहलाएगा।

ध्रुवतारे के एक ओर सप्तर्षि मंडल है, तो विपरीत दिशा में **शर्मिष्ठा नक्षत्र-मंडल**। भारत से सप्तर्षि के तारों को जब हम ध्रुवतारे के ऊपर देखते हैं, तो शर्मिष्ठा के तारों को देख पाना संभव नहीं है, क्योंकि तब यह नक्षत्र-मंडल क्षितिज के नीचे होता है। हाँ, उत्तरी यूरोप के स्थानों से इन दोनों नक्षत्र-मंडलों को एक साथ देखा जा सकता है, क्योंकि ये दोनों मंडल

दिया है जिससे वे इसी बहाने उपन्यास को पढ़ें और प्रभावित हों। इस दलील का उत्तर आंशिक रूप से हम ऊपर दे चुके हैं। वास्तव में शिक्षित समाज के बीच सुधार की उत्तेजना उत्पन्न करने के लिए ग्रामीण और नागरिक कथा का बेमेल मिश्रण आवश्यक न था। इसके लिए आवश्यक था बलात आकृष्ट करनेवाला ग्रामदशा का सम्पूर्ण हृदयस्पर्शी चित्र अथवा मार्मिक विरक्ति उत्पन्न करनेवाला नागरिक जीवन का तलस्पर्शी आख्यान। और यदि अलग-अलग इन दोनों को दो कृतियों में न रखकर एक में मिलाने की आवश्यकता समझी गई, तो यह मिलाप-कार्य अधिक समन्वित रूप में तथा अधिक कलापूर्ण रीति से करना चाहिए था। प्रेमचन्द ने उक्त तीन प्रयोगों में से किसी एक को भी पूरी तरह नहीं निबाहा।

चरित्र-विवेचन

प्रेमचन्द को 'गोदान' में चरित्र-चित्रण की असाधारण सफलता प्राप्त हुई है। होरी के रूप में उन्होंने भारतीय कृषक को ही मूर्तिमान कर दिया है। जीवनभर परिस्थितियों से संघर्ष करता हुआ किसान अन्त में अपनी करुण कहानी का व्यापक प्रभाव छोड़कर समाप्त हो जाता है। भारतीय किसान की समस्त विषमता होरी में साकार हो उठी है। उसकी पत्नी धनिया आदर्श भारतीय ग्रामीण नारी की भाँति पति के सुख-दुख में उसका साथ देती है। महाजनों का एक दल ही प्रेमचन्द ने प्रस्तुत कर दिया है। दातादीन, झिंगुरीसिंह सभी गरीबों का खून चूसने वाले महाजन हैं। ग्रामीण जीवन के अतिरिक्त नागरिक जीवन से भी प्रेमचन्द ने पात्रों को चुना है। रायसाहब जमींदार वर्ग के प्रतिनिधि हैं, जो अपनी इज्जत को बचाए रखने के लिए बड़ी तरकीबें काम में लाते हैं। अन्त में उस झूठी शान को धक्का लगता है। मिस्टर तंखा, खन्ना आदि व्यक्ति लूट-खसोटकर जीने वाले व्यक्ति हैं। मेहता के चरित्र में प्रेमचन्द ने नगर के एक आकर्षक व्यक्ति को अंकित किया है। परिवर्तन में बँधा मालती का चरित्र भी अन्त में आकर्षक हो जाता है। इस प्रकार ग्रामीण और नागरिक दो प्रकार के चरित्र गोदान में दिखाई देते हैं।

उपन्यास का नायक होरी ही गोदान का प्राण है। आदि से अन्त तक वह अपने संघर्ष से कथानक को आगे बढ़ाता है। उसने कभी विद्रोह नहीं किया। आजीवन परिस्थितियों के सम्मुख सिर झुकाता रहा। अपने विशाल वक्षस्थल पर उसने समस्त अत्याचार और प्रपीड़नों का भार रख लिया। महाजन उसे हमेशा चूसते रहे और विधि की विडम्बना सदा उससे खेलती रही, पर वह सब कुछ नतशिर स्वीकार करता गया। होरी की सरलता, ईमानदारी और उदारता ही उसके व्यक्तित्व की सबसे बड़ी पूँजी है। स्वयं विपत्तियों में रहता हुआ भी वह झुनिया, पुनिया, सिल्लो, भोला आदि को शरण देता है। रात-भर अनाज ढो-ढोकर दातादीन के घर पहुँचाता है। भाई हीरा और शोभा के लिए उसके हृदय में प्रेम है। वह यह नहीं सहन कर सकता कि उसके भाई के घर तलाशी ली जाए। उसकी आत्मा इतनी विशाल है कि उसे प्रेमचन्द के किसी भी पात्र की समता में रखा जा सकता है। किसान से मजदूर बनने में उसकी सज्जनता ही मूल

पहले हम सैफियरी चरकांति तारों के बारे में जानकारी दे चुके हैं। इस किस्म का पहला तारा **सैफियस नक्षत्र-मंडल** में खोजा गया था (1782 ई. में), इसीलिए इन्हें 'सैफियरी चरकांति तारे' कहते हैं। तारों की दूरियाँ मालूम करने में ऐसे सैफियरी चरकांति तारे बड़े उपयोगी सिद्ध हुए हैं। सैफियस नक्षत्र-मंडल शर्मिष्ठा के दाईं ओर है।

पहले हम बता चुके हैं कि सूर्य, चंद्र और ग्रह आकाश के जिस पट्टे में यात्रा करते दिखाई देते हैं, उसे **रविपथ** या **क्रांतिवृत्त** कहते हैं। इस क्रांतिवृत्त का समतल पृथ्वी या खगोल के विषुववृत्त के समतल के साथ 23½ अंशों का कोण बनाता है। प्राचीन काल के ज्योतिषियों ने इस क्रांतिवृत्त के तारों का विशेष अध्ययन किया था और इन्हें तुला, कन्या आदि 12 राशियों में बाँटा था। इन राशियों को आसानी से पहचाना जा सकता है।

आकाश के नक्षत्र-मंडलों को और उनके प्रमुख तारों को पहचानना कठिन काम नहीं है। आवश्यकता है तो तारों के मानचित्रों की। भारतीय भाषाओं में तारों का कोई एटलस मेरे देखने में नहीं आया है। लेकिन यूरोप की भाषाओं में तारों के कई एटलस उपलब्ध हैं। इन एटलसों की सहायता से तारों को पहचानना सरल काम है।

नक्षत्र-लोक एक अद्भुत संसार है। इसकी व्यापकता एवं विविधता से हमें अपनी लघुता का एहसास हो जाता है। दूसरी ओर, इसके वैज्ञानिक अध्ययन से हम इस बात का गर्व अनुभव करते हैं कि धरती का मानव इसी नक्षत्र-जगत की एक अनुपम सृष्टि है!

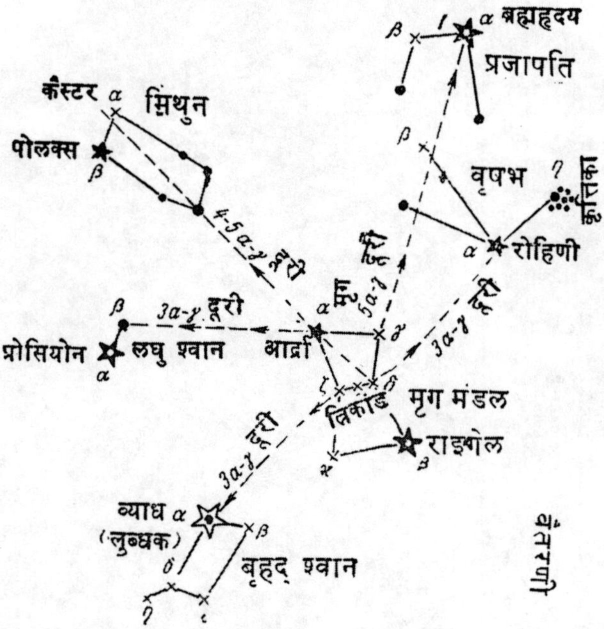

मृग नक्षत्र-मंडल और आसपास के तारे

सभी तारों के नाम नहीं मिलते, इसलिए आधुनिक ज्योतिष में प्रत्येक नक्षत्र-मंडल के प्रमुख तारों को यूनानी लिपि के अल्फा, बीटा, गामा, डेल्टा आदि अक्षरों से व्यक्त किया जाता है। इस चित्र में मृग नक्षत्र-मंडल के अल्फा (आर्द्रा) और गामा तारों को देखिए। इन दो तारों के बीच की दूरी को मापदंड मानकर आसपास के प्रमुख तारों की दूरियाँ बतलाई गई हैं। जैसे, व्याध और रोहिणी तारे त्रिकांड के तारों से इस अल्फा-गामा दूरी से तीन गुना दूर हैं।

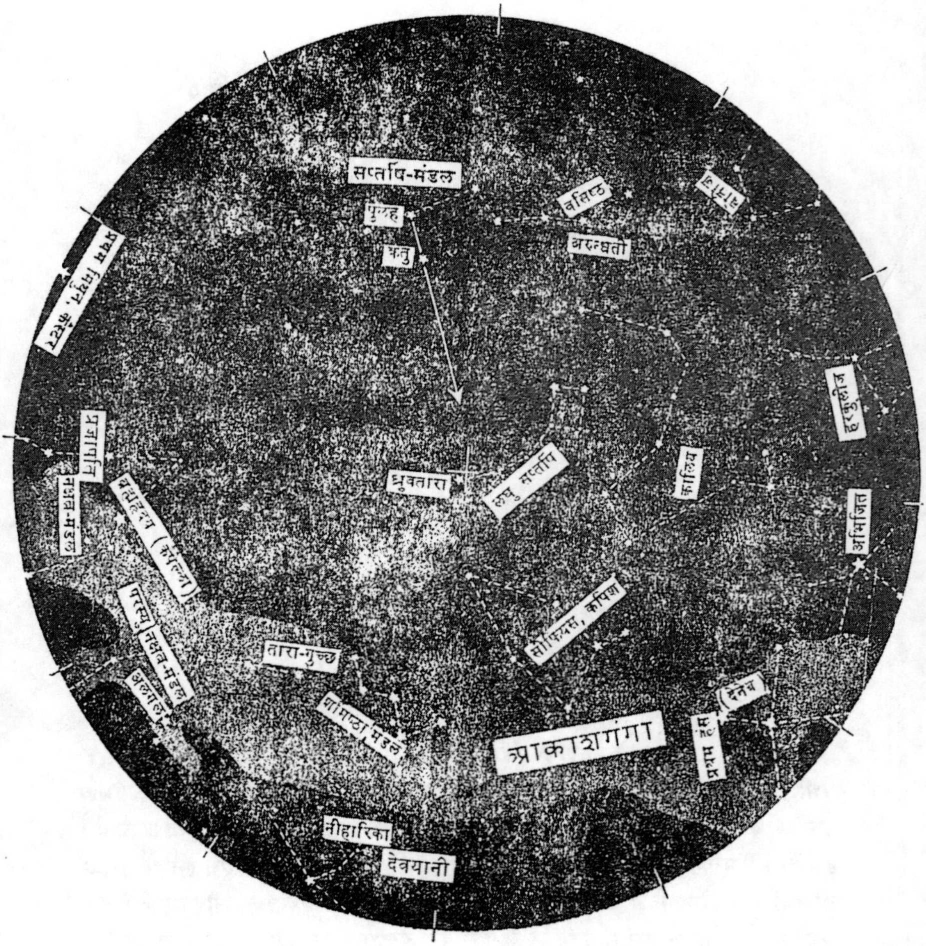

सप्तर्षि-मंडल और परिध्रुव तारे

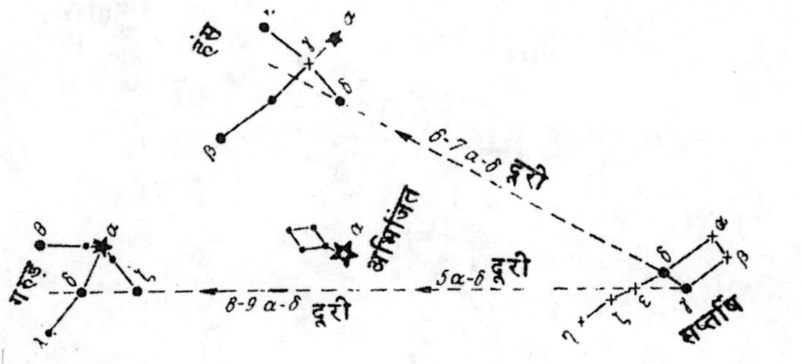
हंस
अभिजित
गरुड़
सप्तर्षि
6-7 α-δ दूरी
5α-δ दूरी
8-9 α-δ दूरी

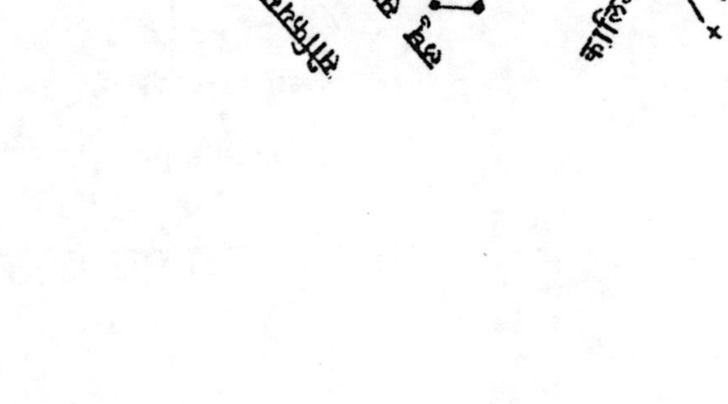
शर्मिष्ठा
ध्रुवतारा
लघु सप्तर्षि
कालिय
सप्तर्षि

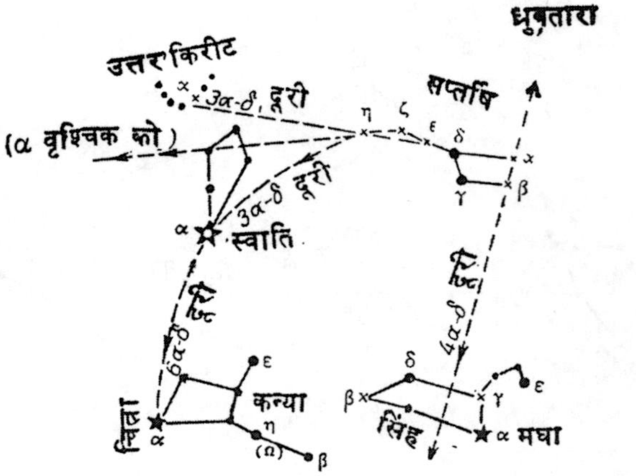
ध्रुवतारा
उत्तर किरीट
3α-δ दूरी
सप्तर्षि
(α वृश्चिक को)
3α-δ दूरी
स्वाति
6α-δ दूरी
4α-δ दूरी
कन्या
चित्रा
सिंह
α मघा

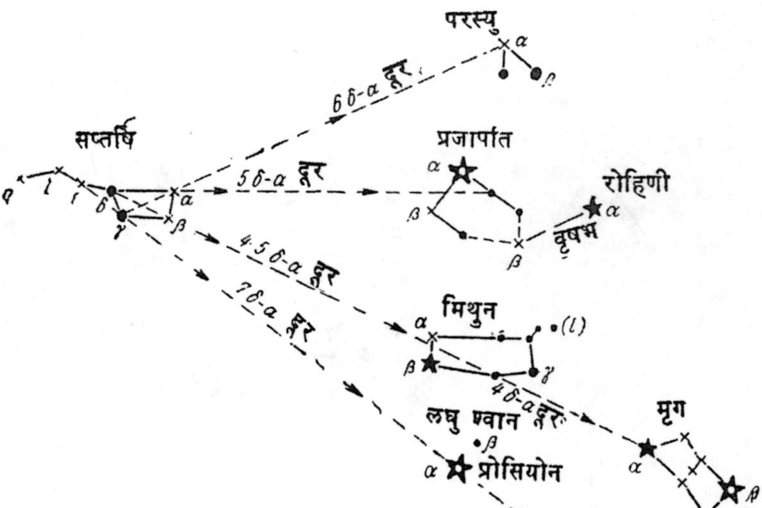
परस्यु
6δ-α दूर
सप्तर्षि
प्रजापति
5δ-α दूर
रोहिणी
वृषभ
4·5δ-α दूर
7δ-α दूर
मिथुन
4δ-α दूर
मृग
लघु श्वान
प्रोसियोन
बृहद् श्वान मंडल को

परिशिष्ट : 1

आकाश के सर्वाधिक कांति वाले बीस तारे

तारा	दृष्ट कांतिमान	निरपेक्ष कांतिमान	रंग	दूरी (प्रकाश-वर्ष)
1. लुब्धक (व्याम)	1.6	23	नीला	8.8
2. अगस्त्य (कैनोपस)	0.9	5200	पीला	180
3. अल्फा सेंटौरी	+ 0.3	1	पीला	4.5
4. अभिजित् (वेगा)	+ 0.4	44	नीला	26.4
5. ब्रह्महृदय (कैपेल्ला)	+ 0.2	125	पीला	45
6. स्वाति	+ 0.2	76	नारंगी	36
7. काल्पपुरुष (द्वितीय मृग)	+ 0.3	23000	नीला	550
8. प्रथम लघुश्वान (प्रोसियोन)	+ 0.5	6	पीला	11
9. आखरनार	+ 0.6	200	नीला	70
10. बीटा सेंटौरी	+ 0.9	1300	नीला	200
11. प्रथम गरुड़ (अल्तायर), श्रवण	+ 0.9	8	नीला	16.3
12. आर्द्रा	+ 0.9	2800	लाल	293
13. प्रथम स्वर्मिनक	+ 1.05	(?)	नीला	150 (?)
14. रोहिणी	+ 1.1	120	लाल	68
15. पोलक्स (द्वितीय मिथुन)	+ 1.2	30	नारंगी	35
16. चित्र	+ 1.2	600	नीला	155
17. ज्येष्ठा	+ 1.2	700	लाल	170
18. प्रथम दक्षिण मीन	+ 1.3	11	नीला	23
19. प्रथम हंस (देनेब)	+ 1.3	(?)	नीला	500
20. मघा	+ 1.3	140	नीला	84

परिशिष्ट : 2

कुछ प्रमुख आँकड़े

पृथ्वी मे सूर्य की दूरी	14,95,60,000 किलोमीटर
सूर्य का व्यास	13,92,000 किलोमिटर
सूर्य का सतह-तापमान	6000° सेंटीग्रेड
सूर्य की केंद्रीय भट्ठी का तापमान	1,60,00,000° सेंटीग्रेड
प्रकाश-किरणों का वेग	3,00,000 किलोमीटर प्रति सेकंड
प्रकाश-वर्ष	94,63,00,00,00,000 किलोमीटर
पारसेक	3.26 प्रकाश-वर्ष = 3,08,40,00,00,00,000 किलोमीटर
किलोपारसेक	1000 पारसेक
पृथ्वी-सूर्य की दूरी (प्रकाश-वेग के पैमाने में)	8 मिनट 8 सेकंड
सबसे नजदीक के प्रोक्सिमा-सेंटौरी तारे की दूरी	4.3 प्रकाश-वर्ष = 4,00,00,00,00,00,000 किलोमीटर
आकाशगंगा के तारों की संख्या	लगभग 150 अरब
आकाशगंगा का व्यास	1,00,000 प्रकाश-वर्ष
आकाशगंगा के केंद्रभाग की मोटाई	20,000 प्रकाश-वर्ष
आकाशगंगा की द्रव्यराशि	200 अरब सूर्यों के बराबर
सूर्य की द्रव्यराशि	3,30,000 पृथ्वियों के बराबर
पृथ्वी की द्रव्यराशि	6×10^{21} मेट्रिक टन
आकाशगंगा के केंद्र से सूर्य की दूरी	30,000 प्रकाश-वर्ष
आकाशगंगा में सूर्य का कक्षीय वेग	220 किलोमीटर प्रति सेकंड
आकाशगंगा के बाहर की सबसे नजदीक की देवयानी मंदाकिनी की दूरी	20,00,000 प्रकाश-वर्ष

हिंदी-अंग्रेजी पारिभाषिक शब्दावली

अंतरिक्ष, दिक्	Space
अंतर्नक्षत्रीय द्रव्य	Interstellar Matter
अगस्त्य	Canopus, Alpha Carinae
अधिनव तारा, सुपरनोवा	Supernova
अनुराधा	Delta Scorpii
अभिजित्	Vega, Alpha Lyrae
अयन	Precession
अरुंधती	Alcor
अलगूल	Algol, Demon Star, Beta Persei
अवलोकन	Observation
आकाश, खगोल	Sky, Celestial Sphere
आकाशगंगा	Milky Way
आबादी-1	Population-I
आबादी-2	Population-II
आर-आर लायरी तारे	RR Lyrae Stars
आर्द्रा	Betelgeuse, Alpha Orionis
आवृत्ति	Period
ईंधन	Fuel
उत्तराफाल्गुनी	Beta Leonis, Denebola
उत्तराभाद्रपदा, अलजेनिब या अलफ़राज	Gamma Pegasi or Alpha Andromedae
उत्सर्जक नीहारिका	Emission Nebula
उर्जा	Energy
एक्स-किरणें	X-Rays
एस. दोरदु	S. Doradus
कक्षा	Orbit
कन्या	Virgo
कपिश	Cepheus

कर्क नीहारिका	Crab Nebula
कांति	Luminosity, Brightness
कांतिमान	Magnitude
कालपुरुष, द्वितीय मृग	Rigel, Beta Orionis
कालिय	Draco
किन्नर (प्रथम)	Alpha Centauri, Proxima Centauri
किलोपारसेक	Kiloparsec (100 Parsec)
कृत्तिका	Pleiades (Seven Sisters)
क्रतु	Dubhe, Alpha Ursa Majoris
क्रांतिवृत्त, रविपथ	Ecliptic
क्वासर	Quasar (Quasi-stellar radıo Source)
खगोल	Celestial Sphere, Sky
खगोल-विज्ञान	Astronomy
खगोलविद्	Astronomer
ग्रहणकारी युग्म तारा	Eclipsing Binary
चतुर्थ कपिश	Delta Cephei
चंद्रशेखर-सीमा	Chandrasekhar's limit
चरकांति तारा	Variable Star
चांद्र-पंचांग	Lunar Calendar
चित्रा	Spica, Alpha Virginis
ज्येष्ठा	Antares, Alpha Scorpii
ज्योतिर्भौतिकी, खगोल-भौतिकी	Astrophysics
ज्योतिष, खगोल-विज्ञान	Astronomy
ज्योतिषी, खगोलविद्	Astronomer
ज्योनिष (फलित)	Astrology
टी वृषभीय तारे	T Tauri Stars
तरंग-दैर्घ्य	Wave-Length
तारक-योजना	Stellar-System
तारक-संगठन	Stellar Association
तारा, नक्षत्र	Star
ताप-नाभिकीय ऊर्जा	Thermo-Nuclear Energy
तारा-गुच्छ	Star Cluster
तिमिंगिल	Cetus, The Whale

त्रिकांड	Belt of the Orion
दानवन तारा	Giant Star
दीर्घवृत्त	Ellipse
देवयानी	Andromeda
द्रव्य, द्रव्यराशि	Matter
द्रव्यमान	Mass
दृष्ट कांति	Apparant Brightness
द्वितीय मिथुन, पोलक्स, पुनर्वसु	Pollux Beta Geminorum
द्वीप-विश्व	Island Universe
धनिष्ठा	Alpha Delphini
धनु	Sagittarius
ध्रुवतारा	Polaris, Pole Star
नक्षत्र, तारा	Star
नक्षत्र, नक्षत्र-मंडल, तारा-मंडल	Constellation
नवतारा, नोवा	Nova
नाभिक	Nucleus
निरपेक्ष कांतिमान	Absolute Stellar Magnitude
नीहारिका, नेबुला	Nebula
परमाणु-ऊर्जा	Atomic Energy
परस्यु	Perseus
परावर्तक नीहारिका	Reflection Nebula
परिध्रुव	Circumpolar
पारसेक	Parsec
पुलह	Merak, Beta Ursa Majoris
पुष्य	Delta Cancri
पूर्वाफाल्गुनी	Delta or Theta Leonis
पूर्वाभाद्रपदा, प्रथम खगाश्व	Markeb, Alpha Pegasi
प्रकाश-वर्ष	Light-Year
प्रजाति, औराइगा	Auriga
प्रथम गरुड़, अल्तायर, श्रवण	Altair, Alpha Aquilae
प्रथम दक्षिण मीन	Fomalhaut, Alpha Piscis Austrini
प्रथम मिथुन, कैस्टर	Castor, Alpha Ceminorum
प्रथम लघु श्वान, प्रोसियोन	Procyon, Alpha Canis Minoris
प्रथम स्वस्तिक	Alpha Crucis
प्रथम हंस देनेब	Deneb, Alpha Cygni

प्रमुख क्रम	Main Sequence
प्रोक्सिमा सेंटौरी, प्रथम किन्नर	Proxima (Alpha) Centauri
प्लाज़्मा	Plasma
बृहद श्वान मंडल	Canis Major
बोतीज़	Bootes
ब्रह्महृदय	Capella, Alpha Aurigae
ब्रह्मांड, विश्व	Universe, Cosmos
मंदाकिनी	Galaxy
मघा	Regulus, Alpha Leonis
महादानव	Super Giant
मिथुन	Gemini
मीरा या माइरा	Mira Ceti (The Wonderfull)
मृग नक्षत्र-मंडल	Orion
मृग नीहारिका	Orion Nebula, M42
मेगल्लानी मेघ	Magellanic Cloud
मेसिए	Messier
युग्म तारा	Binary Star
राशिचक्र	Zodiac
रेडियो-तरंगें	Radio-Waves
रेडियो-तारा	Radio Star
रेडियो-दूरबीन	Radio Telescope
रोहिणी	Aldebaran
वर्णक्रम	Spectrum
वर्णक्रम-वर्ग	Spectral Class, Spectral Type
वर्णक्रमदर्शी	Spectroscope
वसिष्ठ	Mizar, Zeta Urta Majoris
विखंडन	Fission
विकिरण	Radiation
विशाखा	Alpha Librae
वुल्फ-रेयत तारे	Wolf-Rayet Stars
वृश्चिक	Scorpio
वृषभ	Taurus
वेधशाला	Observatory
वैतरणी	Eridanus
वैतरणी अंत, आखरनार, नदीमुख	Achernar, Alpha Eridani

व्याध, लुब्धक	Sirius, Alpha Canis Majoris
लंबन	Parallax
लघु श्वान	Canis Minor
लघु सप्तर्षि	Ursa Minor
लाल दानव	Red Gaint
शतभिषक्	Lambda Aguari
शर्मिष्ठा	Cassiopeia
शिरोबिंदु	Zenith
श्वेत वामन	White Dwarf
संगलन	Fusion
सप्तर्षि, ऋक्षा	Ursa Major, The Great Bear
स्वाति	Arcturus
सीफियस, कपिश	Cepheus
सैफियरी चर	Cepheid Variable
हंस	Cygnus
हरकुलीज	Hercules
हर्ट्जस्प्रंग-रसेल आकृति	Hertzsprung-Russell Diagram
हस्त	Gamma or Delta Corvi
हायडेस	Hyades